Acerca de este libro

"McClain analiza la teoría de la regresión a vidas pasadas, como pocos libros lo hacen. Hechos en detalle son descritos por personas que han vivido esta experiencia, así como muchos ejemplos de regresiones. Para este crítico, las técnicas dadas parecen útiles, claras, despojadas de los mitos que de alguna manera acompañan a muchos libros en el campo de la reencarnación. McClain además explora el lado beneficioso, incluyendo el terapéutico. Lo recomiendo aun para aquellos que piensan que saben todo lo que se necesita saber sobre el tema".

—George H. Leonard
SSC Books News

"Esta obra es una de las más fascinantes que he leído. Empecé a leerlo en una tarde lluviosa y no paré de hacerlo hasta que no lo finalicé . . . las historias de casos y su información son alentadoras; el libro abre mundos enteros".

—Diane Stein
The Beltane Papers

"Este es el mejor libro que he leído sobre regresión a vidas pasadas. Las ideas están bien expresadas y las anécdotas realmente mantuvieron mi interés. Hay discusiones sobre ¿qué es la regresión?, e instrucciones prácticas y trabajables para hacer la regresión usted mismo.

Aprecio las actividades positivas evidentes en el libro, es una guía práctica para la regresión a vidas pasadas . . . lo recomiendo para todas las librerías sobre temas paganos, de brujería o de nueva era".

—Brita
Hidden Path

Acerca del autor

Florence Wagner McClain es una parapsicóloga, arqueóloga afi-
cionada, fotógrafa, historiadora, silvicultora y aspirante a pilo-
to. Ella ha viajado y residido a lo largo de los Estados Unidos. Su
dedicación por casi 30 años al estudio de la mente le ha permitido experimentar con los potenciales del hombre en cuanto a la
hipnosis, el mejoramiento de la memoria, las diferentes ciencias
psíquicas (astrología, tarot, numerología, clarividencia, etc.) y
metafísica. Florence ha enseñado y dictado conferencias por más
de diez años en los campos del desarrollo psíquico y mental y
aplicaciones prácticas en el campo de la educación y la vida diaria. También ha participado en dos mil regresiones a vidas pasadas, lo cual es comparable o superior a cualquier otra persona
que haya experimentado en esta área.

Para escribir al autor

Para contactar o escribir al autor, o si desea más información
sobre este libro, envíe su correspondencia a Llewellyn Worldwide
para ser remitida al autor. La casa editora y el autor agradecen
su interés y comentarios en la lectura de este libro y sus beneficios obtenidos. Llewellyn Worldwide no garantiza que todas las
cartas enviadas serán contestadas, pero si le aseguramos que
serán remitidas al autor.

Por favor escribir a:

Florence Wagner McClain
c/o Llewellyn Worldwide
P.O. Box 64383, Dept. 1-56718-450-2
St. Paul, MN 55164-0383, U. S. A.

Incluya un sobre estampillado con su dirección y $1.00 para cubrir costos de
correo. Fuera de los Estados Unidos incluya el cupón de correo internacional.

¿Existe la reencarnación?

Florence Wagner McClain

Traducido al Español por:
Germán Guzmán y Edgar Rojas

2000
Llewellyn Español
St. Paul, MN 55164-0383, U.S.A.

Primera Edición
Primera Impresión 2000

Edición y coordinación general: Edgar Rojas
Traducción al español: Germán Guzmán, Edgar Rojas
Diseño de la portada: Zulma Dávila
Diseño del interior: Form & Content

Libreria de Congreso. Información sobre ésta publicación.
Library of congress Cataloging-in-Publication Data
McClain, Florence Wagner, 1938-
   [Practical guide to past life regression. Spanish]
   Existe la reencarnación? / Florence Wagner McClain.
      p. cm.
   ISBN 1-56718-450-2
   1. Reincarnation. I. Title.
   BL515 .M3518 2000
   133.9'01'35--dc21   00-047819

Llewellyn Español
Una división de Llewellyn Worldwide, Ltd.
P.O. Box 64383, Dept. 1-56718-450-2
St. Paul, MN 55164-0383, U.S.A.

Impreso en los Estados Unidos de América en papel reciclado.

Contenido

Introducción

La regresión a vidas pasadas, utilizada de una manera sensata, es una herramienta valiosa para mejorar la calidad de su vida presente. Rey o esclavo, reina o criada (quien o qué haya sido en una vida pasada no es tan importante como quien o qué es hoy). El estrato social ganado en vidas pasadas sólo es importante para el ego inmaduro. Usted es la suma de todas sus experiencias pasadas. Las consideraciones importantes son: ¿Qué actitudes positivas y cualidades adquirió en sus vidas pasadas? ¿Está haciendo completo uso de ellas hoy? ¿Qué errores cometió? ¿Está repitiendo los mismos errores destructivos en esta vida? Entre más conocimiento y entendimiento tenga de sus experiencias pasadas y de cómo afectan sus reacciones hacia la gente, lugares y eventos, más cerca está de la verdadera libertad y de "conocerse a usted mismo".

¿Cómo podemos estar seguros que hemos vivido en otros cuerpos físicos, en otros tiempos y lugares? Tal vez la única prueba real, si uno desea pruebas, está en la experiencia personal e individual de recordar vidas pasadas. Pero la creencia en la reencarnación no es necesaria para experimentar los beneficios de la regresión a vidas pasadas. Revivir lo que parece ser experiencias de vidas pasadas, puede traer mayores discernimientos, un entendimiento más claro de sus fortalezas y debilidades y una ayuda para aclarar sus objetivos. Frecuentemente salen a la superficie las respuestas a problemas personales y a problemas de relaciones. A menudo es posible entender y liberarse de fobias y malos hábitos. Los prejuicios y la intolerancia son difíciles de mantener cuando usted ha recordado haber vivido en cuerpos de otras razas y defendido sus creencias apasionantemente. Los conceptos de "masculino" y "femenino" toman una nueva dimensión.

Recordando vidas en cada sexo llega a entender que usted es simplemente un alma que habita un cuerpo en un tiempo en particular. La muerte tiene lugar sólo como otra fase en el ciclo natural, en vez de ser un final al que hay que temerle.

Este método de regresión a vidas pasadas no se presenta como una magia que lo cura todo. Es una herramienta para ayudarlo a remodelar su vida presente. Entre mayor sea la precisión y el cuidado con el cual la use, mejor será el producto final. Ante usted está una gran aventura llena de sonrisas y lágrimas, coraje y cobardía, amor y odio, compasión y crueldad, generosidad y egoísmo, vida y muerte. Y con esto llega el entendimiento que en los momentos de grandes crisis, todos podemos ser héroes, pero el coraje real y el desafío está en encarar las rutinas de la vida diaria con lo mejor que hay dentro de nosotros.

Lo que hicimos ayer, determinó el hoy. Lo que hacemos hoy determinará el mañana.

capítulo uno

Definiciones y filosofía

"Cuando fuiste una niña yo no te di tales desperdicios para comer" dijo ella, clavando la mirada en las papas a la francesa.

"Yo te daría unas papas bien cocinadas. Ven, yo te enseñaré a cocinar buena comida alemana".

Yo quedé pasmada y en silencio a medida que continuaba.

"Mami, ¿por qué eres la madre en este tiempo y yo soy la hija? Yo no quiero ser una niña otra vez".

Una extraña conversación que se hace más extraña todavía por el hecho que esas palabras provenían de la boca de mi pequeña hija, unos meses antes de su tercer *cumpleaños. Sus primeras palabras habían sido en alemán. Ninguno en nuestra familia o círculo de amigos habla alemán. El fenómeno había durado sólo unas pocas semanas y hasta ahora había sido capaz de entenderlo bien. Al día siguiente ella observó a su hermana mayor haciendo algo que desaprobó y se dirigió a mí.*

"Cuando fuiste una niña yo no te dejé comportarte así. Tu no eres tan estricta con ella. No quiero ser una niña de nuevo".

Y así, yo estuve forzada a examinar esa extraña creencia llamada reencarnación.

Reencarnación, regresión, karma y otros términos relacionados tienen diferentes significados para diferentes personas. Por esa razón es importante que los defina de acuerdo a como los utilizo en este libro y además que discuta algo de la filosofía involucrada. La información que se presenta aquí es la culminación de casi veinte años de investigación personal, hecha a lo largo de dos mil regresiones a vidas pasadas. Las definiciones y principios que se presentan, se derivan de dichas regresiones y se ha hecho un gran esfuerzo para presentarlas de la forma más simple. La información se presenta para su consideración. La técnica de regresión se ofrece como un medio para su investigación inmediata de manera que usted puede sacar sus propias conclusiones.

El hombre tiene una tendencia a reclamar lo que ha descubierto (aunque millones de personas hayan hecho el descubrimiento antes que él). Y a enseñar el método por medio del cual él ha hecho este descubrimiento como "el único camino". Mi intención no es causar esa impresión. Este es un camino entre muchos otros.

¿Qué es la reencarnación?

La reencarnación es la teoría de que la conciencia del hombre o el alma, sobrevive a la muerte y regresa para nacer otra vez en un nuevo cuerpo físico con oportunidades renovadas para progresar y crecer en conocimiento y sabiduría. Una parte de esta creencia es que nosotros experimentamos vidas como hombres y mujeres, como miembros de todas las diversas razas y clases sociales y que nuestras vidas abarcan todas las gamas del bien y el mal. Hemos luchado por la abolición de la esclavitud y hemos comprado y vendido hombres como esclavos. Hemos vivido en celibato y nos hemos vendido por dinero y poder. Hemos ocupado lugares de autoridad y lugares de la más grande servidumbre.

Las hazañas individuales no son tan importantes como la motivación que hay detrás de ellas y si hemos aprendido y crecido a partir de las experiencias. Nosotros somos la suma de nuestras experiencias pasadas. Cada uno de nosotros tiene rasgos y talentos positivos así como hábitos y actividades nocivas que han sido desarrolladas en vidas pasadas.

Muchos que no entienden completamente la teoría de la reencarnación asumen que aquellos que si creen, están atraídos por esa idea porque "se puede hacer lo que se quiere en esta vida y no hay que preocuparse porque se tiene otra oportunidad". Una investigación de la reencarnación por medio de la regresión a vidas pasadas lo hace más consciente de las consecuencias de cada pensamiento y acción y de las motivaciones detrás de ellos. El descubrimiento que sus acciones pasadas han creado las situaciones difíciles y los rasgos indeseados de la personalidad de ahora, así como la bondad y la belleza de sus seres y vidas es una motivación más fuerte y más tangible para utilizar lo mejor de nosotros para crear el mejor de los futuros, que el miedo de quedarnos para siempre en el infierno imaginable.

Al principio, la idea de regresar a vivir una y otra vez, parece reconfortante y atractiva, especialmente para aquellos que le tienen un gran miedo a la muerte. A medida que el conocimiento y el entendimiento aumentan, ese aspecto parece menos atractivo y la determinación invita a aprender y progresar tan rápido como sea posible porque el ciclo de la muerte y el renacimiento se puede romper. "Mami, no quiero ser una niña otra vez".

El propósito de la reencarnación es que usted entiende y reclama su derecho de nacimiento como un espíritu ilimitado que evoluciona, creado por y a imagen del Espíritu Ilimitado. Cuando usted entiende su verdadera naturaleza y se libera de las limitaciones y acepta toda la responsabilidad de sus actos, entonces no tiene más necesidad de experimentar las lecciones aprendidas a través de la existencia física en este plano terrestre.

La reencarnación es una de las creencias más viejas y más tenidas en cuenta en todo el mundo. Al comienzo de la existencia del hombre en la tierra, su vida estaba integrada simple y cercanamente con los ciclos de la vida, muerte y renacimiento los cuales veía en la naturaleza. Para él era natural creer que también era parte de dicho ciclo y que su vida sería renovada. Y es en las culturas donde se continúa viviendo en completa armonía con la naturaleza, donde ha sobrevivido la aferrada creencia en la reencarnación.

A medida que el hombre permitió que su vida se volviera más complicada y empezara a emplear la posesión de cosas materiales como una medida de su auto-valor, algunos hicieron reglas para tratar de controlar a otros y beneficiarse de sus labores sin esfuerzo personal. Para algunos fue fácil permitir que otros asumieran la responsabilidad de decirles qué hacer, qué pensar y cómo vivir sus vidas. Esto hizo responsable a alguien más por los actos personales. Por lo tanto el hombre empezó a abandonar la libertad de ser responsable por sus acciones y hasta su relación con su creador. Y el hombre olvidó que ya sabía la respuesta a la pregunta que hizo Job hace unos tres mil quinientos años. "¿Si un hombre muere, vivirá de nuevo?".

Las técnicas en este libro son herramientas para que usted las use como ayuda para recordar lo que ya sabe y para descubrir a sí mismo y proporcionarle su propia respuesta a la pregunta de Job.

Si encuentra que empieza a creer en la reencarnación, usted estará en buena compañía. Considere estos ejemplos.

Muy poco antes de que el decimotercero Dalai Lama muriera en 1933, relató a emisarios de confianza, algunas de las circunstancias que rodearían su renacimiento. En 1935, un gobernante interino tuvo una visión que escribió y mantuvo en secreto, en el cual él vio la casa y algunos de los edificios circundantes, donde había nacido un niño que era la reencarnación de Dalai Lama. Cuando llegó el momento apropiado, el gobernante empezó a buscar dicho lugar y a examinar a cualquier niño de la edad adecuada. Esto se hizo callada y discretamente, ya que la búsqueda los llevó a una villa cercana a la frontera China. Se encontró una casa que se ajustaba a la descripción en la visión. Los lamas intercambiaron ropas con los sirvientes y se les permitió ser saludados y atendidos como dignatarios mientras ellos iban a la cocina donde era más probable que se encontraran los niños. Allí un niño de cuatro años se le aproximó al lama superior y lo identificó correctamente como un lama de Sera. El niño le preguntó por el collar que el hombre llevaba, diciendo que éste le había pertenecido a él (al niño) en su vida pasada como el Dalai Lama. El niño identificó correctamente a los miembros del grupo y más tarde identificó muchos objetos personales que habían pertenecido al Dalai Lama, entre muchos objetos similares. Él cumplió con todas las especificaciones que se habían predicho acerca de su renacimiento. Más tarde el niño pasó exitosamente muchos exámenes espirituales y físicos exigentes que lo confirmaron como la decimacuarta encarnación del Dalai Lama.

Cuando todavía existían los grandes centros espirituales del Tíbet antes de la ocupación China, no era inusual para un muchacho joven que mostraba conocimiento y evolución excepcional para su edad y que se sospechaba que había sido un gran maestro o líder en una vida pasada, se llevara a una habitación cerrada donde se almacenaban las posesiones personales de estos grandes hombres, junto con miles de otros objetos. Al muchacho se le pedía que seleccionara los objetos que habían pertenecido a él en una vida pasada. Si escogía exitosamente los correctos, él era designado como una encarnación reconocida y se le concedía el respeto y el honor de acuerdo a la posición que ocupó en el pasado.

Uno puede decir que Juan el Bautista, de una manera un poco diferente, fue una encarnación reconocida. Las profecías en el viejo testamento, concernientes a la llegada del Mesías establecieron que Elías, el profeta, regresaría primero (Malaquias 4:5).

En el libro de Mateo (cap 16:13–14), cuando Jesús le preguntó a sus discípulos sobre la opinión que la gente tenía sobre él, ellos respondieron que algunos pensaban que él era Juan el Bautista, algunos pensaban él era Elías o Jeremías u otro de los profetas que había regresado. Más tarde, después que Jesús había confesado que él era el Cristo, los discípulos le preguntaron acerca de la profecía relacionada con el regreso de Elías para preparar el camino. Jesús les respondió que Elías ya había venido de nuevo, pero que ellos no lo habían reconocido. Entonces ellos entendieron que él hablaba de Juan el Bautista (Mateo 17: 10 –13).

Luego, está la historia en Juan 9: 1–3, del hombre que había nacido ciego. Los discípulos le preguntaron a Jesús que si el hombre ciego había pecado de alguna manera que le hubiera causado haber nacido ciego o si era debido a algún pecado de sus familiares. Sin una creencia en la reencarnación y el karma, la pregunta es ridícula. Jesús respondió que en esa instancia no aplicaba ninguna situación, que el hombre había nacido ciego porque la gloria de Dios se había manifestado a través de él.

¿Nosotros transmigramos?

A menudo la teoría de la reencarnación se confunde con la teoría de la trasmigración del alma. "Usted cree que regresa como una vaca o una cucaracha o algo así". Dentro de los que creen en la reencarnación, hay un grupo relativamente pequeño, principalmente de la India, que cree en la trasmigración del alma. Sin embargo, no hay evidencia de que un hombre renazca en forma diferente a otro hombre.

Es probable que la teoría de la trasmigración evolucionó a partir de una alegoría antigua que era un medio para enseñar la responsabilidad del hombre hacia todas las formas de vida. La fuente que anima las células de nuestros cuerpos, proviene de la misma fuente que le da la chispa de la vida a todas las cosas vivientes. Por lo tanto, hay un parentesco entre todas las formas de vida y dicho parentesco debería reconocerse, valorarse y tratarse de una manera responsable.

Nuestros cuerpos físicos están hechos de colonias de células vivientes, cada una desarrollando una función específica para proporcionar un ambiente eficiente para nuestras almas. Nosotros somos espíritus que deben funcionar en un mundo físico. Para poder funcionar debemos tener un vehículo físico a través del cual manifestarnos. Así, deberíamos valorar o mostrar respeto y cuidar las formas de vida que conforman nuestros cuerpos.

Estamos destinados a cuidar la tierra. Somos responsables de los recursos y de todas las formas de vida de este planeta. Tenemos el deber de establecer prioridades inteligentes para el uso y el tratamiento de las formas de vida y de los recursos. De muchas maneras hemos permitido que nuestras responsabilidades no sean reconocidas y nuestras prioridades se han vuelto confusas.

Hubo muchos grupos dentro de los Indios Americanos que eran verdaderos cuidadores de la tierra (aunque coloco esto en tiempo pasado, todavía hay muchos que practican estas filosofías con lo mejor de sus habilidades). Ellos veneraban este planeta como una entidad viviente y utilizaban los recursos con cuidado. No tenían el concepto de la propiedad personal de la tierra. La madre tierra se pertenecía a ella misma y al gran espíritu que la había creado. Se entendía que las bondades de la tierra estaban aquí para el uso del hombre, pero para utilizarse razonable y reverentemente y cuidando que los recursos no se desperdiciaran ni se acabaran. Si la necesidad demandaba que ellos excavaran en la tierra, esto era tratado como una herida en un ser viviente. El suelo era reemplazado y la herida "curada" con lo mejor de sus habilidades. Cuando era necesario cazar para comer, se bendecía y agradecía al hermano oso, venado o alce, por darles comida, herramientas y vestido. Cada parte del cuerpo era utilizada. No se mataba nada por deporte. Había un propósito definitivo o necesidad detrás de cada acción.

Hoy, en nuestra sociedad devastadora, utilizamos de una manera irracional y desperdiciamos los recursos de la madre tierra y hacemos poco o nada para reemplazarlos y curar sus heridas. Nos hemos permitido devaluarnos al utilizar todo lo que poseemos como una medida de auto-valoración. Mientras gastemos miles de dólares en mimar y malcriar una mascota y un niño en el barrio va a la cama hambriento, entonces nuestras prioridades permanecerán confusas, nos sentiremos solos y alienados de nuestra fuente de vida y nuestra administración de la tierra fracasará.

¿Es usted un alma vieja?

Para los que tienen un interés en la reencarnación o en otros aspectos metafísicos, es común que alguna vez les digan "Usted es un alma vieja". La mayoría de las personas no tienen una idea real de lo que eso quiere decir, excepto que suena misterioso y los hace sentir especiales. Ser un alma vieja parecería implicar que el alma ha existido más tiempo que las demás y por lo tanto, que poseen algún conocimiento secreto o sabiduría que las coloca aparte de las otras.

Realmente, todos somos almas viejas, hablando cronológicamente. La evidencia de la regresión (la nuestra propia, así como la de otros investigadores) indica que todas las almas fueron creadas al mismo tiempo (hace mucho tiempo). Algunas almas han vivido más vidas que otras. Se puede decir que son más viejas en cuanto a experiencia. Como estudiantes de colegio, a algunos nos toma más tiempo aprender que a otros. Algunos entienden y pasan la materia la primera vez. Otros deben repetir una materia una o más veces para entender. El hecho que estemos todavía aquí, involucrados en los ciclos de la vida, muerte y renacimiento, indica que aún tenemos lecciones que aprender. Por lo tanto, ser un alma vieja no es un símbolo de estatus. Es sólo un hecho de la vida.

Permitirse ser arrastrado dentro de la rutina del "alma vieja" puede causar serios problemas. Existen grandes trampas al intentar juzgar el nivel de evolución espiritual de otro. Usted es el único ser humano que conoce sus motivaciones y sus pensamientos interiores. Juzgar a otro con base en la carrera, apariencia, estatus social, signos exteriores de espiritualidad o hasta sentimientos intuitivos, es asumir un papel que no le corresponde y para el cual le falta sabiduría. Aun más peligroso es permitir que la evaluación de su propia evolución espiritual, descanse en las palabras de alguien más.

Aun la auto-evaluación debe llevarse a cabo con cuidado. El género humano a menudo encuentra más fácil reconocer las fallas y debilidades que los talentos y fortalezas. La característica de un alma madura es la de ser capaz de reconocer los rasgos positivos de carácter, junto con los no tan positivos. Un punto de vista balanceado en la auto-evaluación es pensar en términos *de las herramientas que tiene para trabajar y las áreas sobre las cuales necesita trabajar,* más que en lo bueno y lo malo o lo positivo y lo negativo.

¿Tiene usted un alma compañera?

El alma compañera frecuentemente es un término mal entendido y mal utilizado. A menudo se usa para expresar la idea de que en algún lugar usted tiene un alma gemela o su otra mitad, la cual es su verdadera compañera y que ustedes están destinados para estar juntos. Suena muy romántico (como los cuentos de hadas), pero no hay evidencia que soporte la idea que, en todo el universo, sólo hay un alma que es su compañera verdadera.

En realidad, usted es mucho más afortunado que eso. A través de los eones de su existencia, han habido muchas almas con las cuales usted ha experimentado amor, amistad, variedad de experiencias, de aprendizaje y evolución, en similares niveles de conciencia a lo largo de las muchas vidas. Hay lazos fuertes y profundos con estas almas amigas que a menudo trascienden la simple amistad o aún el amor romántico. Ustedes han compartido las alegrías, penas, triunfos, derrotas, lágrimas y sonrisas de la vida juntos. Se han visto el uno al otro en las mejores y en las peores. Con cada experiencia los lazos entre ustedes se hacen más fuertes. Al encontrarse la primera vez en esta vida, pueden sentir afinidad inmediata y emociones profundas. Puede sentir poca o ninguna necesidad de mantener las máscaras protectoras que a menudo empleamos o de jugar los juegos sociales que hemos adoptado como parte de la vida diaria.

Usted y sus almas amigas a menudo reencarnan en tiempos y lugares de manera que sus caminos se cruzan una y otra vez, fortaleciendo sus lazos. Usualmente, la razón de esto es porque ustedes están trabajando en áreas similares de crecimiento. En algunas instancias es posible que dos o más de ustedes hayan hecho una promesa de trabajar juntos a través de muchas vidas para ocasionar ciertos cambios espirituales, sociales o tecnológicos en el mundo.

La relación de las almas amigas, en algunos casos, puede ser una relación relativamente nueva. En cada vida, en cada relación, nosotros plantamos las semillas para el crecimiento de nuevas almas amigas. A medida que los modelos se desarrollan, notará que una de las características más sobresalientes de la relación es que ustedes no piensan el uno del otro en términos de raza, sexo, edad, apariencia o cualquier otro adorno exterior. Usted es un alma que reconoce a las otras, entendiendo que todo lo demás es simplemente un disfraz para esta vida.

Tener una o más almas amigas en su vida puede ser una de las más excitantes y recompensadoras experiencias imaginables. Nosotros estamos aquí para ampliar nuestras experiencias y para aprender a vivir en armonía con todo el género humano tanto como sea posible. Un alma amiga puede ser un modelo y una influencia muy positiva para este objetivo. Una amistad madura no excluye a las otras, las arrastra dentro del círculo.

Ya sea que usted está empeñado en construir mejores relaciones con la gente en general o tal vez con su esposo o esposa en particular, un primer lugar para empezar es la examinación de su relación con su alma amiga. ¿Qué hace especial la relación? ¿El respeto y la tolerancia que muestra el uno por el otro? ¿La cortesía y la paciencia con la cual usted escucha cuando el otro habla? ¿Permitir a cada uno el derecho de tener diferentes opiniones acerca de las cosas? ¿La sinceridad con la que usted es capaz de hablar acerca de sus sentimientos, temores, esperanzas y objetivos? ¿Sentirse libre de ser simplemente usted mismo? ¿Permitirse a usted y a la otra persona el derecho de discutir y hasta enfadarse, con el conocimiento que eso no cambia el amor entre ustedes? ¿Ser capaces de reírse juntos? ¿Ser capaces de admitir los errores de cada uno?

Cultivar estas actitudes y acciones puede hacer que sus relaciones con los demás tomen una nueva vida y una nueva dimensión. Si es un matrimonio sobre el cual está concentrando sus esfuerzos, éste se puede convertir en "cuento de hadas" y más. Si usted se vuelve el tipo de persona que sus amigos o compañeros les gustaría que fuera, su vida estará llena de todas las cosas que realmente cuentan: las cosas que duran más allá de una vida.

Regresión a vidas pasadas

La regresión a vidas pasadas es sintonizase con el subconsciente para recordar experiencias pasadas. Esto puede suceder de muchas maneras. Algunas veces la experiencia ocurre espontáneamente, incitada por una persona, lugar o evento que estimula la memoria.

Hace muchos años, antes que yo experimentara la regresión, fui llevada al romántico anti-bellum sur. Yo pensé que si hubiera una cosa como la reencarnación, de la cual dudaba fuertemente, yo debí haber vivido una vida como un refinado belle del sur. Algunas veces soñaba despierta acerca de cómo hubiera sido tal vida. Entonces, un verano, visité el sitio de la batalla de la guerra civil en Vicksburg, Mississippi, y la imagen sureña de belle se destrozó para siempre.

A medida que conducimos a través del campo de batalla, el carro y sus pasajeros apenas eran reales para mí. Me era difícil mantener la atención en la conversación que se sostenía en el auto. Recordé vagamente uno de los niños diciendo, "Me gustaría que la batalla todavía estuviera sucediendo para que pudiéramos verla". Para mí, así fue.

El aire se llenó con los olores del humo, la pólvora y la sangre y los llantos de los heridos y el aroma de los muertos. Los sonidos de la batalla estaban en todo mi alrededor. El ejército de la Unión nos estaba masacrando. Yo estaba siguiendo a mis hombres en retirada hacia el terraplén, aterrorizado de que una bala hiciera blanco en mi espalda antes de alcanzar a cubrirme. Yo sabía mi nombre y de dónde venía y cómo hice para llegar allí. Estaba tan consciente de quien y que era ese hombre con toda su historia, como lo estoy de mi propio ser.

Más tarde, cuando nos detuvimos ante el monumento de la confederación, el cual listaba los nombres de aquellos que habían muerto allí, hubo ciertos nombres que llevaron lágrimas a mis ojos y vívidas memorias de los rostros de amigos y camaradas que habían caído durante esos sanguinarios días de verano de 1863. La Guerra Civil no tuvo más ese interés romántico para mí.

La experiencia me trastornó. Las personas con las que estaba no creían en nada que tuviera naturaleza psíquica, por lo tanto, no podía discutirlo con ellos. Al siguiente día cuando llegué a casa, estaba aturdida. Caí en lágrimas en los brazos de mi esposo y sollocé un cuento semi-coherente de la experiencia. Ambos estábamos confundidos con lo ocurrido, pero mi esposo me aseguró que él no pensaba que yo estuviera perdiendo mi cordura. Durante los días siguientes ambos tratamos de olvidar lo que había sucedido.

Unas semanas después, estaba sentada en la sala de espera del consultorio de un doctor. El doctor era un experto en la Guerra Civil y los estantes de libros en la sala de espera estaban llenos con volúmenes sobre el tema. Tomé uno de los libros más viejos y empecé a mirarlo, ojeando ociosamente las fotografías. Todavía recuerdo el frío pánico que sentí cuando vi "mi cara", identificada con "mi nombre" y una corta reseña bibliográfica verificando "mis memorias". Yo cerré de golpe el libro y salí corriendo del consultorio.

Recordando lo acontecido, mis reacciones parecieron un poco melodramáticas. Pero en ese momento no sabía lo que me había pasado. El incidente iba en contra de lo que me habían enseñado a creer. Sólo las personas locas veían y escuchaban cosas que no estaban allí. Ninguna de mis creencias religiosas soportaban lo que había sucedido. Parte de mí estaba aterrorizada por el hecho que me estuviera volviendo mentalmente inestable. Otra parte de mí estaba igualmente aterrorizada de tener que re-examinar y cuestionar mis creencias religiosas de toda la vida. Pero, en un lugar muy profundo de mi ser, yo sabía que la experiencia había sido real y que de alguna manera yo había vivido una vida en la cual era ese soldado.

Las regresiones espontáneas no siempre son tan vívidas o detalladas, pero hasta las experiencias menos dramáticas pueden afectar intensamente a una persona cuando no hay conocimiento o entendimiento para asumirlas. Sospecho que hay miles de personas que han tenido episodios similares y que los han reprimido por temor o falta de entendimiento.

La meditación es otro método por el cual se puede recordar una vida pasada. Para aquellos que la practican regularmente, es usual capturar destellos o impresiones de experiencias de vidas pasadas. Muy a menudo los conceptos que se han entendido previamente y el conocimiento que se ha adquirido en vidas anteriores, son traídos a la mente consciente de esta forma.

Los niños pequeños a menudo tienen memorias claras de experiencias de vidas pasadas, las cuales se debilitan a medida que crecen. Los sueños que experimentan en el día, las secuencias que se imaginan, a menudo tienen sus raíces en dichas memorias. Muy a menudo los padres están demasiado ocupados para escucharlos, o los desmotivan a soñar despiertos y a ejercitar la imaginación porque la catalogan como algo indeseable. Por lo tanto, cuando los niños crecen, tienden a suprimir estas actividades mentales las cuales son mecanismos que deben desarrollarse como herramientas para vivir una vida plena.

Hace veinte o treinta años, cuando la exposición de los niños al mundo era más limitada, era mucho más simple separar legítimamente las memorias de vidas pasadas de las fantasías de la infancia incitadas por las historias a las cuales había sido expuesto el niño. Con la llegada de la televisión y el uso de "niñeras", a menudo es difícil o imposible saber con certeza cuando es un recuerdo de vida pasada y cuando es una información derivada de un programa de televisión.

Los sueños de los niños, así como los de los adultos, a menudo tienen apartes de memorias de vidas pasadas. Creo que las pesadillas y los recurrentes sueños problemáticos, a menudo tienen su base en alguna experiencia infeliz o dramática del pasado.

No motivo a intentar activamente a escudriñar en las memorias de vidas pasadas en los niños. Simplemente escucho lo que es ofrecido voluntariamente y observo las formas en las cuales la información puede ayudar a explicar los patrones de comportamiento o inseguridades. Los patrones de comportamiento peculiares pueden ser pistas de experiencias de vidas pasadas.

Nuestra hija mayor, tan pronto como fue lo suficientemente grande para hacer conocer sus deseos, empezó a rehusar salir de la casa así fuera por poca distancia, a menos que tuviera una vasija con agua y un pequeño paquete de comida. Ella rara vez hacía uso de estas cosas mientras estaba fuera. Inicialmente, yo intenté detener eso, pero su reacción fue tan fuera de carácter que supe que era más que un capricho de niños. Gradualmente pude cambiar su comportamiento mostrándole que yo llevaba dinero conmigo o dándole dinero y asegurándole que pararíamos y compraríamos algo si le daba hambre o sed.

Cuando asocié este comportamiento junto con el hecho que, de vez en cuando mientras limpiaba su habitación, yo encontraba la mitad de un emparedado o un pedazo de queso o una manzana o zanahoria o algún pedazo de comida envuelto cuidadosamente en una servilleta y además oculto, me di cuenta que ella tenía alguna inseguridad arraigada profundamente con la comida. No había razón en esta vida que yo supiera determinar. Ella era muy joven para hacerle una regresión (3–4 años), por lo tanto, simplemente traté que hubiera siempre una fruta o algo de alimento a su alcance. Ella gradualmente dejó de esconder la comida.

Años más tarde, descubrimos que ella había muerto de hambre en la que probablemente fue su más reciente vida. A los veinte años, ella admite que ocasionalmente cuando sale sin suficiente dinero en el bolsillo para comprar comida, siente una leve y momentánea punzada de intranquilidad, pero entendiendo la causa, eso no es un problema.

Fácilmente hubiéramos podido causar un profundo trauma a esta niña si se hubiera manejado esta situación como un problema de comportamiento el cual exige disciplina más que entendimiento.

Una de las cosas más grandes que podemos hacer por nuestros hijos en relación a posibles influencias de vidas pasadas es escucharlos y observar sus patrones de comportamiento con paciencia. Hay que motivar los patrones positivos y proporcionar las oportunidades para cualquier talento positivo que se pueda desarrollar. Observe el comportamiento negativo o inusual e intente determinar si es simplemente un comportamiento normal de la edad o un rasgo general de la personalidad o si es un patrón aislado fuera del comportamiento normal del niño, el cual es creado constantemente por el mismo tipo de situación. Algunas veces simplemente preguntarle al niño por qué reacciona a cierta situación de manera particular, arrojará una valiosa información. Esto debería hacerse cuidadosamente una vez que el niño esté relajado y feliz. Si se expresa un temor, el cual no tiene base dentro de la presente experiencia del niño, asegúrele que aunque esa cosa a la que él le teme pudo haber ocurrido en el pasado, este es un tiempo diferente, un lugar diferente y unas circunstancias diferentes y que él no necesita para nada seguir sintiendo miedo. Entonces haga cualquier esfuerzo *razonable* para hacer que el niño se sienta seguro en esas áreas particulares.

No importa que tan extravagante o extraño puede ser un asunto, no se ría ni lo empequeñezca. Cosas sin importancia para los adultos pueden ser más dramáticas y tristes para un niño. Él puede tener una base muy real para temer.

El niño que tiene miedo a la oscuridad y quiere una luz en la noche, pudo haber sido un prisionero de guerra que estuvo cautivo en la oscuridad durante semanas o meses antes de morir. El niño que le teme excesivamente al agua pudo haber muerto ahogado. Qué cruel es hacer caso omiso a esos temores y ridiculizarlos y obligar a dichos niños a permanecer en la oscuridad o entrar al agua. Un niño superará muchos temores por sí mismo, dándole tiempo, paciencia y apoyo positivo en un ambiente seguro.

Una de las cosas más valiosas que usted puede hacer por su hijo es motivar en él una imaginación saludable y permitirle tiempo para soñar despierto. Estas son armas creativas que él usará a través de su vida. Nunca nada se creó o se analizó sin antes haberse creado en la imaginación y el empleo activo de la imaginación ayuda a obtener beneficios de los recursos de todas sus vidas pasadas.

Déjà Vu es un término asociado a menudo con la reencarnación y con los recuerdos de vidas pasadas. Es un término francés que significa "visto antes" o "ya visto". Usualmente se aplica en instancias en las cuales usted tiene el sentimiento repentino de que la conversación que está teniendo ya la había tenido antes o que ya había estado en el lugar donde está y con las mismas personas. Esto a menudo tiene origen en algún sueño profético el cual no recuerda conscientemente o un tipo de repetición instantánea precognitiva.

Ocasionalmente *déjà vu* relata una experiencia de vida pasada. Uno o dos años después de mi experiencia en el campo de batalla de la guerra civil, fui a acampar en un área del Sureste donde nunca antes había estado en esta vida. El área era áspera y salvaje, pero misteriosamente familiar. Yo sabía lo que nos encontraríamos después de cada curva en el cañón y reconocía ciertas formaciones rocosas inusuales. Allí me sentí más en mi casa que en cualquier otro lugar que hubiera estado. Años más tarde, habiendo experimentado muchas regresiones, tuve la oportunidad de regresar a esa misma área en compañía de varios amigos que también habían tenido regresiones. El área fue tan familiar para ellos como lo había sido para mí. Nos dimos cuenta que durante varios siglos habíamos vivido muchas vidas en ese lugar.

Deseábamos examinar nuestros recuerdos y nuestras experiencias de regresiones a partir de información de vidas pasadas. Supimos dónde deberían estar ciertos lugares especiales (una cascada oculta, un lugar para enamorados, una tumba, las ruinas de una villa, un antiguo lugar de adoración) y aunque estaban en áreas remotas donde ninguno de nosotros había estado en esta vida, fuimos capaces de ir directamente a ellos.

La hipnosis convencional es probablemente el método utilizado de manera más frecuente para la regresión a vidas pasadas. Hecho por un hipnotista cuidadoso y competente que no tenga prejuicios contra la teoría de la reencarnación, este es un método muy efectivo. Sin embargo, puede ser difícil encontrar un hipnotista profesional competente que crea en la reencarnación y que sea experimentado en conducir regresiones a vidas pasadas. Este también puede ser un proyecto costoso.

El principal inconveniente en el uso de la hipnosis convencional es la falta de envolvimiento consciente por parte de la persona que está siendo regresada. Para el hipnotista es posible pasar por alto claves importantes que deberían ser exploradas de una manera más completa. Algunas veces, debido a la negligencia o a la impaciencia, se hacen preguntas de una manera que le sugieren respuesta al subconsciente. También es posible que el hipnotista obligue al paciente a entrar en áreas de situaciones traumáticas o embarazosas. Además, a menudo la persona debe fiarse en el registro del hipnotista sobre regresiones más que en su propio recuerdo. Dependiendo del método usado para llevar los registros, la versión del hipnotista puede estar teñida por su propia interpretación.

Utilizando el método de regresión presentado aquí, usted puede escoger la dirección de la investigación de una experiencia de una vida pasada *durante* la regresión. Usted puede terminar la sesión en cualquier punto que escoja y tiene completos recuerdos de los eventos revividos. Puede hacer su propia elección acerca de revivir una experiencia potencialmente incómoda o traumática. Tiene el control de evitar responder preguntas que no quiere que sean respondidas y hasta retener la información para su propio uso. Puede ser guiado a través de las experiencias de la regresión por cualquier persona razonablemente responsable que usted escoja, en su propia casa o a su conveniencia y sin costo. Y, después de unas pocas regresiones, si lo elige, puede hacerlo por sí mismo.

¿Qué es el karma?

El karma es la ley de la causa y efecto. Es el encuentro del ser, la cosecha de lo que se ha sembrado. El propósito del karma es *no* es castigar, sino enseñarnos y ayudarnos a aprender a vivir en armonía con el universo.

La ley de la causa y efecto es una ley universal. Por cada acción o cada causa hay una reacción o efecto. Eso es incambiable y está más allá de nuestro control. Lo que está bajo nuestro control es la acción o causa que colocamos en movimiento y la actitud con la cual manejamos el efecto. Es nuestra actitud la que hace del karma una influencia negativa o positiva en nuestras vidas. El karma como tal, no es ni bueno ni malo. El karma solamente es.

Muy a menudo el karma se expresa en términos de deudas Kármicas, o en términos de sufrimiento o de aspectos poco placenteros de nuestras vidas. La gente rara vez piensa o menciona las riquezas del conocimiento, la sabiduría, las destrezas, los talentos, los amigos y los seres queridos que son el resultado de acciones en vidas pasadas y así, también una parte de la ley de causa y efecto (nuestra herencia kármica).

Si lleva zapatos que son muy pequeños, sus pies le dolerán. Causa y efecto. Usted tiene dos elecciones sobre cómo manejar la situación. Puede continuar usando los zapatos y ser miserable y posiblemente causar serios daños a sus pies y probablemente convertirse en un gruñón y hacer miserables a los que lo rodean o puede aprender de la experiencia y usar zapatos que sean confortables y estar libre para concentrar su mente en otras cosas. Puede lucir como una explicación simplista, pero esto es esencialmente de lo que se trata el karma.

El concepto popular del karma dice que si usted le causó sufrimiento a alguien en una vida pasada, entonces debe

sufrir en esta vida. ¿Hasta cuando? ¿Cómo puede ser beneficiosa la generación de más sufrimiento en usted o en alguien
más en este mundo? ¿Cuánto tiene que cambiar esas energías
en positivas y buenas para aliviar el sufrimiento?

Parte de nuestra evolución espiritual está llegando al entendimiento que el karma no es un sistema de premios y casti-
gos, sino una experiencia de aprendizaje donde ganamos
sabiduría. Luego podemos utilizar esa sabiduría y nuestra
libre voluntad para escoger los caminos de aprendizaje que
serán los más positivos y benéficos para nosotros mismos, así
como para los demás. Un beneficio adicional al entendimiento de los propósitos instructivos del karma, es que si usted ha
llegado a un entendimiento de un concepto o principio y lo
ha hecho parte de su vida, entonces no es necesario vivir una
secuencia de eventos para satisfacer el aspecto del "efecto".

Nuestros talentos, destrezas, el instinto que nos guía exitosamente a través de situaciones nuevas o difíciles, la auto-confianza en ciertas áreas de nuestras vidas, todos son el resultado
de nuestras acciones pasadas. En nuestros eones de la vida,
hemos ganado una increíble cantidad de conocimiento y
experiencia en un vasto número de áreas. Algunas empresas
las hemos llevado al máximo. Otras las hemos abandonado
por una u otra razón. Pero ese conocimiento aún es una parte
de nosotros y si lo elegimos, puede ser recobrado para su
uso en nuestras vidas presentes por medio de la regresión a
vidas pasadas.

A manera de ejemplo: Hace muchos años varios eventos
despertaron mi interés en la medicina herbal y alternativa.
Aunque yo quería saber tanto como fuera posible sobre el
tema, otras ocupaciones no me permitieron hacer un estudio
intensivo. Me entusiasmé al descubrir tres vidas pasadas, en
varias partes del mundo, en las cuales había sido muy cono-
cedora del tema. Dedicando un par de horas revisando las

experiencias de esas vidas, aumentó ampliamente mi conocimiento consciente presente al respecto, el cual complementé con algunas lecturas (en su mayoría para confirmar la validez de alguna de la información "recordada") y después pude usarla en algunas emergencias y cuando la ayuda médica convencional no estaba disponible.

Esto fue el karma en toda su expresión. Las acciones iniciales fueron las vidas dedicadas al estudio del tema, el efecto fue que el conocimiento estuviera allí para ser recuperado. Luego, la acción de recuperar el conocimiento estuvo seguida por el efecto de ser capaz de poner en uso el conocimiento de una manera exitosa en algunas situaciones de peligro.

Nosotros confrontamos la ley de la causa y efecto todas las horas de todos los días. A menudo también tenemos que ver con los efectos de las acciones de otras personas (pero aún entonces tenemos la elección de cómo dejar que nos afecten). Si usted no paga el recibo de la luz, entonces se lo cortarán. Si usted lo paga, entonces seguirá recibiendo el servicio (a menos que tal vez alguien se estrelle con un transformador y rompa la línea). Eso lo afecta. Usted puede irritarse y encolerizarse y hacer llamadas iracundas a la empresa de servicios y renegar o ponerse de mal humor y hacer de ésta una experiencia realmente miserable. O puede aceptar la situación y ser creativo e imaginativo y volverla una aventura la cual usted y su familia recordarán como un momento muy especial. Es su elección.

Si parece que trato mucho el tema del karma, es porque es muy importante que usted entienda que el karma no es una espada de Damocles sobre su cabeza, esperando caer y causar una terrible herida en su vida. Entender el karma puede ayudar a ganar una perspectiva sobre lo que es realmente importante en su vida diaria, así como lo que no lo es. El entendimiento es aprender la lección necesaria de aceptar la responsabilidad personal para su vida y la vital importancia de la actitud.

Usted hace lo que realmente quiere hacer. Esa puede ser una idea difícil de aceptar debido a que esto conlleva a aceptar una responsabilidad personal sobre las circunstancias de su vida. Aceptar quiere decir que usted no puede culpar a las circunstancias o el karma o a algo o alguien más por el estado de su vida.

Usted *piensa* que está haciendo muchas cosas que realmente no quiere hacer. Piensa que no está haciendo otras cosas que le gustaría hacer. Examinemos la verdad o falsedad de estas afirmaciones.

Probablemente la queja más común es que no le gusta su trabajo. ¿Entonces, por qué todavía tiene ese trabajo? ¿Es más fácil permanecer quejándose que hacer un esfuerzo para encontrar otro trabajo? ¿O tal vez tiene miedo de intentar algo diferente? ¿Es mejor algo familiar que aventurarse a lo desconocido? Tal vez es difícil encontrar empleo donde usted está y se siente afortunado de tener uno aun cuando no le guste. Tal vez el trabajo que tiene es un paso necesario en el camino hacia donde quiere estar. Tal vez es el único tipo de trabajo que sabe hacer. ¿Ha hecho algún esfuerzo para encontrar la forma de obtener otro entrenamiento?

Como puede ver, si se hace la pregunta y tiene el coraje de ser sincero con usted mismo, se dará cuenta que ha permanecido en ese trabajo o en esa situación porque *usted* hizo la elección. Ya sea que no tuvo la voluntad de pagar el precio necesario para tener una oportunidad o porque las condiciones que lo rodean, hicieron más razonable permanecer en esa situación.

El mismo tipo de cuestionamiento aplica a las razones por las que no está haciendo ciertas cosas que le gustaría hacer. La excusa más común que la gente usa es que aunque les gustaría hacer ciertas cosas, no creen que pudieran. Usted nunca sabe hasta que lo intenta.

Siempre han habido aquellos que se han elevado por encima de los obstáculos mentales, físicos, emocionales, sociales y/o económicos para alcanzar exitosamente los objetivos que se han trazado para ellos mismos. Hay personas que se rehusan a rendirse. Si una puerta se cierra en sus caras, ellos intentan una y otra vez. Ellos renuncian a aceptar la derrota. Saben que son responsables de sí mismos y de sus éxitos y fracasos. Los fracasos se utilizan como experiencias de aprendizaje para generar el éxito.

Siempre han existido aquellos que se han contentado con culpar a las circunstancias o a algo o alguien más por sus situaciones. Ellos desperdician sus vidas quejándose y lamentándose de su "destino", sin hacer nunca un esfuerzo para cambiar nada. Después de todo, si lo intentaran, tal vez fallarían. Si usted nunca intenta nada, nunca fallará. Aun peor, pueden tener éxito y tendrán que aceptar el hecho que la situación fue debido a su poder de cambiar.

A menudo, un cambio de actitud es la llave que abre la puerta del éxito y la felicidad. Hace muchos años yo había alcanzado un punto muy bajo en mi vida. Mi existencia parecía no tener sentido, estaba aburrida y vivía de irritación en irritación. Un día fui conmovida por mi hija mayor, que sólo tenia tres años, debido a sus persistentes exploraciones de un lote desocupado, lleno con hierbas más altas que yo. Ella me tomó de la mano y me llevó dentro de la maraña de tallos cafés y señaló un conjunto de flores pequeñas y exquisitas que entapizaban la tierra. Ella me dijo: "Mami, las niñas no ven las hierbas, ellas sólo ven las flores".

Sus palabras permanecieron rondando en mi mente. No las podía sacar de mi cabeza. Entre más pensaba en ellas, más incómoda me sentía porque esas palabras tenían un significado muy profundo. Finalmente admití que despertaba cada día buscando y esperando nada excepto hierbas en mi vida. Me había vuelto ciega para ver las flores. Yo tenía dos hijas hermosas y saludables, un esposo cariñoso y una familia, una nueva casa encantadora y muchos amigos. Tenia una mente muy buena la cual no estaba utilizando y talentos que había ignorado.

Hice un esfuerzo constante y consciente para recibir cada día buscando y esperando las flores. Las circunstancias de mi vida no cambiaron, pero mi actitud si y mi vida se volvió interesante y excitante. Repentinamente las puertas empezaron a abrirse hacia caminos maravillosos. Probablemente habían estado allí todo el tiempo, pero yo había estado muy ocupada mirando las hierbas en lugar de las flores.

Sus actitudes hacia usted mismo y hacia los demás, tendrán una conducta directa sobre qué tan valiosas serán para usted sus experiencias de regresión a vidas pasadas. Ver las hierbas le ayudará a entender lo que ha crecido en su jardín de la vida en el pasado y qué semillas pueden sembrarse en la tierra para esperar su renacimiento. Pero las flores que están vivas y floreciendo en su vida, son sus consideraciones más importantes. Riéguelas y motive su crecimiento arrancando las hierbas de raíz. Deseche las hierbas mentalmente de manera que ellas puedan decaer y transformarse en nutrientes para las flores. Con una actitud positiva y determinación, usted puede encontrar algo en casi cualquier situación lo cual puede ser moldeado y utilizado para su beneficio.

capítulo dos

Estableciendo
el escenario

Es importante tener cuidado al establecer el escenario para sus primeras experiencias de regresión. Debido a que es una nueva experiencia y tal vez un poco miedosa, es importante que usted escoja un lugar donde se sienta confortable física y mentalmente y que no sea propenso a posibles interrupciones. Más tarde, cuando esté cómodo con la idea de la regresión y haya ganado algo de experiencia, encontrará que puede hacer una regresión teniendo el televisor prendido, los niños gritando, el teléfono o el timbre sonando o hacerlo mientras está lavando los platos o podando el césped. Pero eso es para más tarde.

Elija un lugar silencioso donde probablemente no tendrá interrupciones y en donde pueda quitarse los zapatos y reclinarse. Usualmente es una buena idea tener a mano una sábana o cobertor liviano, porque a menudo las personas sienten un poco de frío durante una regresión. También es una buena idea no alejarse mucho del baño. Usted estará trabajando en niveles particulares de actividad mental donde los procesos corporales son acelerados y más a menudo que nunca usted probablemente experimentará una urgente necesidad de desocupar su vejiga al final de la regresión. Esto es perfectamente normal.

Para su primera experiencia de regresión, puede estar más confortable trabajando sólo con una persona. (Un caballero que conozco estaba interesado en que su esposa no estuviera en su primera regresión. Estaba erróneamente seguro que había sido un cobarde en una batalla y se sentía apenado que ella lo supiera). Escoja a alguien con quien se sienta completamente cómodo para que conduzca sus primeras regresiones.

Si se preocupa por lo que pueda pensar alguno de los presentes, la atención se enfocará en esa dirección, en lugar de la regresión.

Las regresiones pueden llevarse a cabo estando presentes muchas personas, con más de una de ellas haciendo preguntas. Pero, las regresiones a vidas pasadas no son un juego y no deberían hacerse en una atmósfera fiestera.

Usted obtendrá resultados de acuerdo a la forma en que los confronte.

Las actitudes mentales y emocionales

Las personas en estado de regresión son vulnerables a las actividades mentales y emocionales de los que los rodean. Se debería hacer todo el esfuerzo para mantener la atmósfera positiva. Un sentido del humor saludable no está fuera de lugar y a menudo ayudará a disminuir la tensión. Evite cultivar el sentimiento de que la regresión va a ser una prueba. Esta no es una situación de ganar o perder. Es una experiencia de traer recuerdos del pasado lejano. Así como es más fácil para algunas personas tener recuerdos detallados de la infancia temprana, para otras al principio, será más fácil tener recuerdos detallados de otras vidas.

Recuerdo haberle hecho una regresión a una pequeña dama que podía recordar cada detalle de una vida tranquila y aburrida que casi nos hace dormir a ambos. Sabíamos lo que su familia comía en cada cena y hasta como estaba organizada la mesa y todos los demás detalles mundanos de la vida diaria, pero no se aprendía nada de un significado real para su situación presente. La única razón por la que persistimos con esa regresión era que pensábamos que seguramente algo había pasado en esa vida. Pero ella murió en la misma casa en la que había nacido y sus días nunca cambiaron. Así que, en este caso, más no significa necesariamente mejor.

En otra regresión, un hombre que lo hacía por primera vez, sólo tuvo vagas impresiones de varias vidas. No recordaba nombres, ni fechas y tenía ligeras impresiones de los eventos. Esto probó ser una experiencia muy significativa para el hombre porque hubo un patrón recurrente de ser un "solitario" en cada vida. Él ganó un gran discernimiento sobre sus actividades presentes hacia la gente y algunas de las razones para ciertas dificultades en su estilo de vida actual.

Registros

Llevar registros es una parte importante de las regresiones a vidas pasadas. He encontrado que los registros escritos son muy valiosos para mí. Es más fácil insertar notas como detalles adicionales que se recuerdan y es más fácil sacar pedazos importantes de información a partir del material escrito que de un cassette. Al principio, los registros escritos son realmente prácticos si hay una tercera persona presente para tomar notas. Tratar de aprender la técnica para conducir una regresión e intentar tomar notas al mismo tiempo puede compararse con tratar de hacer malabares con huevos la primera vez; como para romperse los nervios.

Si usted está tomando notas, a menudo la respuesta será suficiente para saber cuál fue la pregunta. Si no, incluya unas pocas palabras claves de manera que más adelante el lector entenderá la pregunta. Si no entiende lo que dijo la persona a la que se le está haciendo la regresión, siéntase libre de pedirle que repita.

Algunas personas se cohíben con la presencia de una grabadora. Sin embargo, utilice una grabadora si no molesta al paciente (pero asegúrese que está realizando una buena grabación). No hay nada más frustrante que una regresión interesante acompañada por una parte en blanco o un cassette inaudible. Yo sugeriría que alguien también transcribiera el cassette en un registro escrito.

¿Por qué llevar registros? Muy a menudo la información que no parece significante en el momento, puede probar ser importante más adelante. Tal vez las regresiones posteriores cuando se estudian junto con los registros anteriores, señalarán tendencias o patrones que no fueron evidentes al principio. Además, el estudio cuidadoso de los registros a menudo produce discernimientos que pudieron haber faltado durante un estudio previo. Recientemente revisé ciertos registros de algunas de mis propias regresiones realizadas hace diez años. Obtuve algo importante sobre situaciones presentes de mi vida a partir de algunos patrones que no tuvieron significado para mí cuando se hicieron las regresiones.

Otra razón para llevar registros es que después de una regresión, encontrará que recuerda mucho más de lo que dijo y esos detalles adicionales pueden aportar mucho al significado y al discernimiento de la regresión.

Instrucciones generales

Para la persona que dirige la regresión: Mantenga una actitud positiva y relajada. Conducir regresiones puede ser una experiencia valiosa para sus propias regresiones. Además, entre más experiencia gane en conducirlas, sus preguntas serán más efectivas y obtendrá información importante. Por encima de todo, mantenga una actitud positiva y relajada. Esta no es una situación de aprobar o reprobar; el mundo no se le vendrá encima si no realiza la técnica de una manera perfecta.

Hay algunos puntos que son importantes para que los tenga en cuenta. Usted no está obligado a hacerle la regresión a todo el que se lo pida. Evite hacerlo con personas que tienen disturbios mentales y emocionales los cuales se pueden ver de una manera obvia. Déjele esos casos a los profesionales. También evite a los exhibicionistas y a personas que les gusta llamar la atención. Su tiempo es muy valioso para desperdiciarlo con personas que sólo están interesadas en jugar.

Sea un observador durante las regresiones. Vigile los signos de estrés o tensión. Dichos signos son: movimientos agitados de las manos, puños demasiado apretados, mandíbula apretada, risa anormal o incontrolada, lágrimas cuando se combinan con cualquiera de los otro signos. Las lágrimas solas no necesariamente son algo que tengan que preocupar ya que a menudo son una catarsis saludable, especialmente si son apropiadas para el incidente particular. Si usted debiera enfrentarse con una situación donde la persona que está teniendo la regresión está sufriendo obviamente una gran pena, exprésele de una forma calmada si algo lo está molestando y que si prefiere terminar la sesión o continuar con algo más. También en forma calmada recuérdeles que ellos están "aquí y ahora". Dígales "este es simplemente un ejercicio de recordar. No hay necesidad que experimenten ninguna pena ni dolor de ninguna clase y a ningún nivel".

Si la persona indica que preferiría finalizar la regresión, repita las afirmaciones positivas al final de la técnica de regresión. Si él o ella quiere continuar, simplemente dele instrucciones para progresar en el tiempo; una semana, un mes, un año o cualquier intervalo de tiempo que parezca apropiado después de dicho incidente y prosiga. Después de la regresión sería una buena idea discutir lo que causó la pena, si la persona quiere. El recuerdo estará fresco y algunas veces es más fácil discutirlo y analizarlo afuera de la regresión con menos emoción involucrada. No presione al individuo a hablar del incidente, pero si muestra un interés, déjele saber que discutir lo que causó la pena le ayudará a aliviar las emociones involucradas y las hará más fáciles de manejar. Pero no insista.

Durante un periodo de casi veinte años, con más de dos mil regresiones, nunca he tenido una situación que se haya vuelto traumática. Rara vez encontrará una situación de pena en una experiencia de regresión. Olvide las escenas dramáticas que puede haber visto en las películas sobre regresiones. Ellas tienen poco o nada que ver con las regresiones de la vida real. Y usted no puede hacer una regresión a una persona en una situación de una vida pasada y dejarla atrapada de manera que él o ella no pueda regresar al tiempo y al lugar presente.

La técnica de regresión está estructurada de tal manera que tiene ciertos seguros y evita palabras o frases que algunas veces han provocado respuestas negativas para el público en general. Pero la parte más importante de la técnica de regresión es el énfasis sobre el hecho que es un ejercicio de recordar y el uso de frases positivas al concluir.

Mientras esté conduciendo una regresión, acepte cualquier respuesta que se le dé a sus preguntas. No cuestione ni discuta las respuestas. Esa no es su función. Además, tenga cuidado de no hacer preguntas que insinúen las respuestas, aún si tiene idea de lo que la persona está viendo o experimentando. Si la persona no está teniendo impresiones claras acerca de lo que lo rodea y usted si, no pregunte "¿Está usted en su casa?" En lugar de eso pregunte: "¿Está dentro de una estructura o está al aire libre?" ¿Está en el país, en un pueblo, villa o en una gran ciudad?" Dele la oportunidad a él o ella para concentrarse en la respuesta correcta.

Mantenga a la persona observando y conversando. No la deje que se sumerja en detalles tediosos. No dedique mucho tiempo en ningún punto en la vida. Manténgala moviéndose en el tiempo. Las vidas pueden ser exploradas con más detalle después de un par de regresiones que hagan que la persona se sienta familiarizada con la técnica. A menudo las exploraciones muy detalladas pueden probar ser innecesarias debido a los recuerdos espontáneos arrojados por la regresión inicial a una vida.

Enfatice frecuentemente que, "este es simplemente un ejercicio de recordar".

La primera experiencia de regresión debería estar limitada a aproximadamente una hora. Las siguientes regresiones pueden prolongarse a medida que se haga confortable y apropiada. El paso del tiempo es distorsionado en los niveles particulares de la mente donde usted estará trabajando. El periodo de regresión puede parecer mucho más largo o más corto de lo que realmente es.

Por encima de todo, recuerde que al conducir una regresión, su función es ayudar a focalizar la atención de la persona. Conducir una regresión es fácil. Usted enfrenta situaciones más difíciles todos los días. Al principio es normal estar un poco tenso en cualquier situación nueva, pero entre más relajado y suelto pueda estar, más relajada y suelta estará la persona a la que le va a hacer la regresión. Las personas tienden a temerle a lo desconocido y la mente es una de las grandes fronteras sin explorar. Pero tenga en cuenta que somos mentes, o espíritus o almas (como quiera llamarlo) y que la mayor frontera somos nosotros.

Para la persona que va a tener la regresión: relájese. Este es simplemente un ejercicio de explorar su memoria. No hay respuestas concretas o equivocadas. Responda las preguntas con la primera impresión que le llegue a la mente. No trate de pensar sus respuestas o de correlacionar impresiones con hechos aceptados generalmente. A menudo la información, que es una variación de la historia registrada, más adelante prueba ser exacta. En numerosas instancias la historia registrada tiene poco o nada que ver con lo que realmente pasó.

Usted puede recibir información de todas las formas posibles. Algunos individuos sienten que realmente están participando al revivir una vida en particular con todas las sensaciones que la acompañan. Más comúnmente, la sensación es la de ser un observador de los eventos. Otros pueden tener pocas o ningunas impresiones visuales pero pueden escuchar o saborear, oler, y/o generalmente sentir los entornos y eventos. Hay algunas que captan la principal parte de la información a través de las sensaciones físicas. Otros parecen no tener impulsos sensoriales reales sino simplemente "saben" las respuestas a las preguntas.

Ninguna manera de recibir la información es mejor o más exacta que otra. Por supuesto, muchos de los que no reciben impresiones visuales tienden a impacientarse. Yo tengo un amigo que es uno de los más grandes psíquicos que he conocido. Su información es detallada y exacta. Él no recibe ninguna imagen mental y eso lo frustra inmensamente. Él está decidido a "ver". Yo le he hecho numerosas regresiones durante años y hemos obtenido una buena información acerca de sus vidas pasadas, pero continúa sintiendo que no puede realmente tener una regresión porque no ve imágenes.

La regresión es una forma de llegar a conocerse usted mismo. Aprenda a ser sensible a los cambios sutiles en sus sentidos y en su cuerpo durante las experiencias de regresión. Todos estos cambios son formas de obtener información. Tal vez usted está tratando de determinar donde está en una vida pasada. Quizás tenga la repentina sensación del calor del sol sobre su piel o una suave brisa. Es muy posible que esté al aire libre. Tal vez usted se vuelve consciente de un olor particular que no es apropiado con sus entornos físicos. Si por ejemplo, en el aquí y el ahora usted está en una gran ciudad y repentinamente es consciente del olor de un corral durante la regresión, es seguro asumir que en la vida pasada usted está dentro o cerca de un corral y que hay caballos y ganado alrededor. Estar sensible a estas impresiones sutiles, ayuda a focalizar la mente sobre esa vida en particular y motivará impresiones más vívidas e impulsos sensoriales. Esto se hace más fácil con cada regresión.

Usted se preguntará "¿Qué tal que a mi no me puedan hacer una regresión?" Todavía no he conocido a la persona a la que no se le puede hacer la regresión. He conocido muchas personas que piensan que no pueden. Han habido quienes no

creen en la reencarnación, aquellos que estaban violenta-
mente opuestos a la idea pero dispuestos a tratar de mostrar
que los recuerdos de vidas pasadas no existían, aquellos que
no creían de una forma u otra, aquellos que estaban convencidos que no podían tener una regresión porque nadie había
sido capaz de hipnotizarlos. (Esto no es hipnosis convencional). Todos ellos pudieron hacer la regresión. Usted también
lo hará.

Hay muy poco acerca de la regresión que sea crítico. Si
usted se siente incómodo, cambie las posiciones. Si siente
comezón, rásquese. Sólo mantenga los ojos cerrados y después de la interrupción continúe con la regresión donde la
dejó. Yo conozco una persona que mantiene a mano una taza
de té y un paquete de cigarrillos y los disfruta ocasionalmente como si estuviera en una situación normal, pero con sus
ojos cerrados.

Usted está en control durante la sesión de regresión. Puede
terminar la sesión en cualquier momento simplemente
abriendo sus ojos. Si termina la sesión de esta manera, afír-
mese a sí mismo, "yo traeré conmigo toda la información y
las impresiones que me beneficiarán, dejaré atrás cualquier
cosa que pueda ser dañina para mí en cualquier forma". La
razón para terminar la regresión con estas frases es que a
menudo todo eso es necesario para liberar a su ser presente
de sentimientos, temores, reacciones y actitudes indeseables
que tienen sus raíces en experiencias de vidas pasadas.

Durante la regresión, usted tiene el control y puede rehusarse a explorar cualquier experiencia que sea desagradable
para usted o que usted escoja explorar en privado en otro
momento. Sólo no utilice la habilidad de ignorar la información que necesita.

Hay muchos cassettes maravillosos en el mercado para
guiar hacia estados de relajación, condiciones subliminales y

con música de fondo diseñada para estos propósitos. En la mayoría de las circunstancias, yo apoyo de una manera entusiasta su uso, pero con esta técnica de regresión en particular, hemos encontrado que los cassettes son más una distracción que una ayuda. La música a menudo puede despertar asociaciones o emociones que no tienen nada que ver con la vida pasada en particular. En cuanto a los cassettes relacionados con la relajación, aunque ésta se utiliza inicialmente como una introducción a la experiencia de la regresión, el estado de relajación física es "asegurado" de manera que usted puede retornar a dicho estado en cualquier momento que lo desee y permanecer alerta, despierto y consciente y progresar rápidamente más allá de la necesidad de utilizar cualquier clase de inducción para la regresión. Confiarse en el cassette de relajación puede interferir con este progreso y promover una asociación de sueño o de conciencia disminuida, con la experiencia de regresión. Excepto para la regresión, los cassettes de relajación y acondicionamiento, son divertidos y benéficos.

Yo no recomiendo unir las regresiones, es decir, dos o más personas teniendo una regresión a la misma vida simultáneamente o unir investigaciones psíquicas de ningún tipo, hasta que las personas involucradas sean lo suficientemente diestras para reconocer cuáles impresiones son de sus mentes y cuáles son de otras fuentes. A menudo hay telepatía entre dos personas que trabajan a esos niveles mentales, la cual puede distorsionar o anular las emociones y la información. Así como dos personas mirando un objeto físico con sus ojos físicos tendrán diferentes percepciones e interpretaciones, lo mismo ocurre con el nivel psíquico.

La voz de la mente de cada persona es tan distintiva como su voz real. Hasta que usted pueda reconocer las características de su propia voz de la mente, como opuesta a la de otra persona, es mejor hacer sus experiencias de regresión solo.

Por favor no utilice alcohol o drogas antes de una regresión. Los efectos de esas sustancias en la mente pueden producir complicaciones innecesarias durante una regresión. Lo mínimo que puede pasar es una experiencia distorsionada y una información errónea. En esos niveles mentales, el alcohol y las drogas disminuyen su control sobre la dirección de la regresión y usted puede finalizar ocasionando respuestas altamente traumáticas y sin ninguna defensa mental. En otros casos, información trivial podría ser considerada de gran importancia, mientras que la importante puede ser omitida. Mi experiencia me ha mostrado que después de terminar con la regresión, muy poca o ninguna información es retenida por la persona.

Todas las veces usted deberá tener el control de la regresión. La persona que lo dirige está presente como una ayuda para que usted focalice su atención hasta el momento en que pueda hacerse la regresión usted mismo. Si esa persona intenta tomar un control agresivo o persiste en hacer preguntas insinuando las respuestas, termine la sesión y rechace trabajar con ella en el futuro.

Sea honesto consigo mismo. Si usted crea impresiones que no ha experimentando o inventa historias para impresionar a la audiencia, perderá la oportunidad de una experiencia excitante e invaluable. No se engañe a sí mismo.

Por último, relájese. Después de una regresión o dos usted se sorprenderá de lo tenso que pudo haber estado al experimentar algo que es muy informativo y muy divertido.

capítulo tres

La técnica de regresión

Para iniciar la técnica de regresión haga que la persona asuma una posición confortable. Empiece dirigiendo a la persona a través del siguiente ejercicio de relajación estándar. Hable con un tono de voz conversacional normal.

Cierre los ojos. Dirija su conciencia a sus *párpados.* (Pausa de 2–3 segundos). Note cualquier músculo que puede estar tenso. (Pausa). Haga que sus párpados se relajen. Relaje cada músculo de manera que sus párpados queden completamente relajados. (Pausa).

Dirija su conciencia a su *cuero cabelludo*. (Pausa). Note cualquier músculo que pueda estar tenso. Especialmente note los pequeños músculos en los extremos del cuero cabelludo. (Pausa). Relaje su cuero cabelludo. Relaje cada músculo de manera que su cuero cabelludo quede completamente relajado. (Pausa).

Dirija su conciencia a su *cara*. (Pausa). Note cualquier músculo que pueda estar tenso. Permita que los músculos de su cara se relajen por completo. (Pausa).

Dirija su conciencia hacia su *mandíbula*. Note los músculos que controlan su mandíbula. (Pausa). Deje que su mandíbula se relaje. Relaje cada músculo de manera que su mandíbula esté suelta y completamente relajada (Pausa).

Dirija su conciencia hasta su *cuello*. Note los músculos que controlan su cuello. (Pausa). Relaje su cuello. Relaje cada nervio. Relaje cada músculo. Relaje cada célula. Deje que su cuello se relaje por completo. (Pausa).

Dirija su conciencia a sus *manos*. (Pausa). Note los músculos y huesos en sus manos. (Pausa). Relaje sus manos. Deje que cada músculo, cada nervio, cada célula, se relaje completamente. (Pausa).

Dirija su conciencia a su *pecho,* un área que contiene músculos, órganos, glándulas y nervios. (Pausa). Relaje cada músculo, cada órgano, cada glándula, cada nervio. Deje que cada célula funcione de una manera normal y rítmica. Deje que su pecho se relaje completamente. (Pausa).

Dirija su conciencia a su *abdomen,* un área que contiene músculos, órganos, glándulas y nervios. (Pausa). Relaje cada músculo, cada órgano, cada glándula, cada nervio. Deje que cada célula funcione de una manera normal y rítmica. Deje que su pecho se relaje completamente. (Pausa).

Dirija su conciencia a sus *piernas,* (Pausa). Note cualquier músculo que pueda estar tenso (Pausa). Relaje sus piernas completamente (Pausa).

Dirija su conciencia a sus *pies,* un área de muchos músculos y huesos pequeños (Pausa). Note cada músculo que pueda estar tenso. (Pausa). Relaje sus pies. (Pausa).

Estar relajado es un sentimiento maravilloso, un estado del ser muy natural y saludable. En cualquier momento que decida regresar a este estado de relajación todo lo que tiene que hacer es tomar una respiración profunda y a medida que exhala, repetir mentalmente la palabra relajado tres veces y usted estará completamente relajado.

Usted está en completo control en todos los niveles de la mente. Está relajado pero mentalmente alerta y consciente. Si decidiera terminar esta sesión, lo único que necesita es abrir sus ojos.

Si alguien lo llamara en caso de peligro o de una emergencia, usted inmediatamente estará alerta, consciente y completamente orientado en el presente tiempo y lugar.

Yo puedo terminar esta sesión contando de 1 a 5 o tocándolo tres veces en el hombro. A la cuenta de 5 o cuando sienta que mi mano toca su hombro la tercera vez, sus ojos se abrirán y usted estará alerta y tranquilo.

Usted traerá consigo a partir de la experiencia de regresión, todo lo que sea beneficioso para usted en cualquier forma. Dejará atrás todo lo que puede ser perjudicial para usted en cualquier forma.

En este momento voy a dirigirlo a través de algunos ejercicios mentales. Dígame cuando haya completado cada ejercicio. Esto sólo tomará un momento.

Vuélvase inconsciente de sus *pies*. Haga que sus pies se sientan como si no pertenecieran a su cuerpo. Dígame cuando haya hecho eso. Sólo tomará un momento (Pausa).

Insista que el individuo le responda verbalmente a medida que completa cada ejercicio. No se estanque en este ejercicio. Si el individuo indica alguna dificultad, dígale "haga de cuenta que está jugando" o imagine que sus pies no son parte de su cuerpo. Cuando haya habido una respuesta verbal continúe.

Bien. Ahora sus pies se sienten como si no pertenecieran a su cuerpo.

Pierda la conciencia de sus *piernas*. Haga que sus piernas se sientan como si no pertenecieran a su cuerpo. Eso tomará un momento. Dígame cuando haya hecho eso. (Pausa para la respuesta). Bien, sus pies y piernas ahora se sienten como si no pertenecieran a su cuerpo.

Pierda la conciencia de su *abdomen*. Haga que su abdomen se sienta como si no pertenecieran a su cuerpo. Eso tomará un momento. Dígame cuando haya hecho eso. (Pausa para la respuesta). Bien, sus pies, piernas y abdomen ahora se sienten como si no perteneciera a su cuerpo.

Pierda la conciencia de su *pecho*. Haga que su pecho se sienta como si no perteneciera a su cuerpo. Eso tomará un momento. Dígame cuando haya hecho eso. (Pausa). Bien, sus pies, piernas, abdomen y pecho ahora se sienten como si no pertenecieran a su cuerpo.

Estar relajado es un sentimiento maravilloso, un estado natural y saludable del ser.

Ahora imagínese rápidamente que está parado enfrente del lugar donde vive actualmente. Tomará un momento. Dígame tan pronto como esté allí. (Pausa en la respuesta). Bien. Ahora describa brevemente el frente del lugar. Dígame lo que vería si estuviera parado físicamente al frente del lugar donde vive ahora. (Pausa para una breve descripción). ¿Qué estación de año es? (Empiece con la estación del año nombrada, sustitúyala en la secuencia apropiada para el siguiente ejercicio) ¿Es otoño? Bien. Ahora imagínese que es invierno. Sólo tomará un momento. Describa que tan diferente es la apariencia del lugar y de los alrededores en invierno (Pausa).

Bien. Ahora imagínese que es primavera. Describa como difiere la apariencia en primavera. (Pausa para una breve respuesta).

Bien. Ahora imagínese que es verano. Describa como difiere la apariencia en verano. (Pausa).

Ahora, imagine que es otoño otra vez.

Cuando se han completado estos ejercicios preliminares en la primera regresión, no es necesario repetirlos en las siguientes regresiones. Simplemente dígale a la persona que se relaje tomando una respiración profunda y que mientras exhala repita mentalmente la palabra relajado, tres veces. Luego empiece en este punto.

Imagínese que está parado enfrente de la puerta de su casa. Imagínese que está abriendo la puerta. Imagínese que la puerta abre hacia un túnel largo y que usted puede ver una luz al final del túnel. Voy a contar del 20 hasta 1. Con cada descenso del número, imagine que se está moviendo dentro del túnel hacia la luz y retrocediendo en el tiempo a una vida anterior a ésta. A la cuenta de 1 usted dará un paso desde el túnel hasta la luz y a una vida que usted vivió previamente a ésta.

20 (Pausa), 19 (Pausa), 18 moviéndose hacia la luz y retrocediendo en el tiempo hacia una vida que vivió previamente a ésta. 17 (Pausa), 16 (Pausa), 15, moviéndose hacia la luz y retrocediendo en el tiempo, 14 (Pausa), 13 (Pausa), 12. A la cuenta de 1 usted estará en una vida que vivió previamente a ésta. 11 (Pausa), 10 (Pausa), 9, moviéndose a través del túnel hacia la luz y retrocediendo en el tiempo. Moviéndose a través del túnel hacia la luz, regresando a una vida que vivió previamente a ésta. 8 (Pausa), 7 (Pausa), 6, retrocediendo en el tiempo, 5 (Pausa),

4 (Pausa), 3. A la cuenta de 1 usted dará un paso desde el túnel hasta la luz y a una vida que vivió previamente a ésta. 2 (Pausa), 1. Ahora está en una vida que vivió previamente a ésta.

Mentalmente mire a través de sus ojos y escuche a través de sus oídos. Mentalmente mire hacia abajo y observe sus pies. ¿Qué lleva puesto en sus pies? (Pausa para una respuesta y luego continúe con el cuestionario).

¿Qué lleva puesto en su cuerpo? ¿Más o menos que edad tiene? ¿Es usted hombre o mujer?

¿Cuál es su nombre, el primer nombre que se le venga a la mente? Mentalmente mire a través de sus ojos y escuche a través de sus oídos. ¿Dónde está? Describa los alrededores.

¿En qué parte del mundo está? ¿Sabe que año o que periodo de tiempo es?

¿Cómo luce su madre? ¿Qué piensa de ella? ¿Tienen una buena relación?

¿Cómo luce su padre? ¿Qué piensa de él?

¿Tiene hermanas o hermanos? ¿Tiene algunos amigos cercanos?

Examine rápidamente un día en su vida. Sólo tomará un momento. ¿Cómo pasa usted el tiempo?

Muévase rápidamente en el tiempo donde sea 5 años mayor, más o menos a la edad de _____. Sólo tomará un momento. Sentirá que el tiempo pasa a su alrededor como corrientes de aire o páginas que se pasan en un calendario. Dígame tan pronto como esté allí.

Mentalmente mire a través de sus ojos y escuche a través de sus oídos. ¿Dónde está y que está haciendo? ¿Está casado? ¿Tiene hijos?

¿Cree en un poder superior? ¿Pertenece alguna religión formal?

¿Cómo se siente con respecto a su vida espiritual? ¿Es feliz?

Rápidamente revise los siguientes 10, 15, ó 20 años (los que sean apropiados para la edad que tenga en ese momento de la regresión). Sólo tomará un momento. Dígame acerca de eventos sobresalientes o logros que le gustaría compartir.

¿Hay algo que quiere hacer particularmente, que no ha sido capaz de hacer?

¿Hay algo que haya hecho y de lo que se sienta particularmente orgulloso?

Estas son preguntas de mostrario para utilizarlas como una guía. Usted tendrá que usar su propio juicio para saber si ciertas preguntas son apropiadas a las circunstancias o si es mejor otra secuencia. Además, estas preguntas son mecanismos para obtener información y probablemente apuntarán a ciertas líneas de cuestionamiento apropiado para la persona y la información que usted quiere obtener.

En este momento, dirija a la persona hacia otra vida pasada.

Ahora retroceda en el tiempo a una vida que usted
vivió previamente a ésta. Sólo tomará un momento.
Dígame tan pronto esté allí. Usted llegará a la edad de
12 años aproximadamente.

Continúe con el mismo tipo de preguntas de la otra vida. Si el
tiempo lo permite, usted puede querer visitar hasta otra vida
de la misma manera.

Cuando esté listo para terminar la regresión diga:

En un momento contaré del 1 al 5. A la cuenta de 5
usted abrirá sus ojos en el aquí y el ahora, sintiéndose alerta y tranquilo. Traerá consigo todo lo que a
cualquier nivel pueda ser beneficioso para usted.
Dejará atrás todo lo que puede ser perjudicial.

1 – 2 – 3, a la cuenta de 5 usted estará en su vida presente como _____, sintiéndose tranquilo y
alerta. Abra los ojos, sintiéndose tranquilo y alerta.

Información miscelánea

Durante el ejercicio de relajación, algunos individuos pueden
experimentar una sensación de calor o de hormigueo en diferentes áreas del cuerpo a medida que la atención se dirige a
dicha área. Esto es perfectamente normal. Ese sentimiento de
calor se debe a circulación creciente en esa área causada por la
concentración de su atención. La sensación de hormigueo es
debida a una conciencia del sistema nervioso en esas áreas.
No se preocupe si no tiene esas sensaciones. Eso también es
perfectamente normal.

Otro fenómeno físico que se puede notar a un nivel u otro
a lo largo de la regresión es el movimiento rápido de los ojos
por debajo de los párpados. Esta es una manifestación física

de los niveles profundos Alfa en los cuales está operando mentalmente la persona. Este fenómeno también se presenta en la secuencia de sueños y cuando se está dormido.

Inmediatamente después de la regresión es importante tomar nota de cualquier detalle adicional que la persona puede recordar pero que no mencionó durante la regresión. También es importante describir a alguien que fue reconocido durante la regresión y ahora es conocido en esta vida presente.

No se sienta molesto si inicialmente, después de la regresión, se siente un poco incómodo o apenado como si hubiera inventado todo lo anterior. Esto es común, pero el sentimiento desaparece rápidamente a medida que empiezan a ocurrir recuerdos espontáneos.

La primera experiencia de regresión se intenta básicamente para obtener información general y establecer el escenario para regresiones posteriores más detalladas. Si se desea, se puede volver a visitar vidas específicas diciendo "usted estará en la vida que vivió como _____". Si no se recordó ningún nombre, la vida puede ser identificada por un periodo del tiempo, localidad o cualquier otra característica de identificación.

Si existe cierta atracción a un periodo de tiempo o localidad usted puede dirigir a la persona allí, diciendo: "usted estará en cualquier vida que pudo vivir durante _____ o en _____". Siempre utilice la frase "pudo vivir" o "pudo haber vivido". La atracción puede existir por razones diferentes a las vidas pasadas. No hay razón para someter al subconsciente a la confusión de decirle que recuerde una vida que nunca ha sucedido.

Un enfoque muy recompensante para las siguientes regresiones es dirigir al individuo a que regrese a "la vida que sea más significativa para usted hoy como _____".

Si la persona a la que se le va a hacer la regresión tiene un problema especifico que quiere investigar, dirija al individuo para que vaya "al punto en el tiempo donde este problema tuvo su origen". Esto no debería hacerse hasta que el individuo haya tenido algunas experiencias de regresiones y se sienta confortable con la técnica. Se debería hacer sólo con el entendimiento de que si el problema es muy traumático en esta vida, existe la posibilidad de serlo aún más en su punto de origen. Reasegúrele al individuo durante la regresión que "usted está físicamente aquí y ahora y esto es simplemente un ejercicio de recordar. No hay necesidad que experimente pena de ninguna clase y en ningún nivel". Motive a la persona a que se disocie de la situación y que observe como si estuviera viendo una película en teatro o en televisión.

Rara vez es necesario hacer esta búsqueda agresiva del origen de los problemas, ya que las respuestas usualmente saldrán a la superficie durante el curso de muchas regresiones. Después que una persona ha tenido unas pocas experiencias de regresiones y es capaz de realizarlas por sí mismo, encontrar los orígenes de sus problemas es mucho más fácil. Las regresiones auto–dirigidas es el método más deseable para explorar situaciones de esta naturaleza. Hay un mecanismo protector dentro de la mente que salva guarda al individuo de forzarlo a entrar en áreas en las que no está listo a afrontar o que no puede manejar por alguna razón.

Si, durante el curso de una regresión, usted dirige a alguien a adelantarse unos pocos años en esa vida y la persona llega a un "espacio en blanco" sin respuesta sensorial, ésta es probablemente una experiencia después de la muerte. Solamente retroceda al individuo a otra vida. (Los métodos para explorar las experiencias de la muerte se cubren en un capítulo más adelante).

Después de que ha ganado confianza y se siente confortable conduciendo una regresión, encontrará que hay modificaciones apropiadas para sus circunstancias y para las personas con las que está trabajando. Usted puede establecer un patrón diferente de preguntas más fáciles para trabajar. Siéntase libre de cambiar su enfoque de acuerdo a las circunstancias. El método exacto no es sagrado. Las únicas partes de la técnica que son importantes y que no deberían cambiarse son aquellas afirmaciones que establecen la conciencia y el control de la persona que va a experimentar la regresión y las afirmaciones positivas utilizadas al terminar la sesión. Usted tiene el deber de utilizar la técnica de una manera cuidadosa, reflexiva y responsable.

Durante una regresión, especialmente la primera, es común que no haya respuesta a ciertas preguntas, como por ejemplo nombre, edad, fecha, localidad, etc. Si no hay respuesta para una o más de esas preguntas, sólo diga, "todo está bien" y continúe. Como con cualquier experiencia nueva, puede tomarse una o dos veces para volverse habiloso en recordar la información. A medida que se gana habilidad, algunos individuos pueden ser capaces de recordar información tan detallada como la fecha exacta de nacimiento en sus vidas pasadas, que a menudo ofrecen interesantes discernimientos para la vida presente.

Las cartas astrológicas de nacimiento aplicadas en las vidas pasadas a menudo ofrecen interesante información sobre la vida presente.

La regresión a vidas pasadas es un paso más en el camino de la auto-conciencia. Cuando llega el día en que dirigir o vivir una regresión no sea tan excitante y que no se obtenga información nueva de un valor real, continúe. Probablemente más adelante encontrará la necesidad de información adicional la cual avivará el deseo de regresiones más profundas. Úsela como utilizaría una herramienta necesaria para cualquier trabajo.

capítulo cuatro

Ejemplos de regresiones

El siguiente material se ha tomado de dos regresiones separadas las cuales se le hicieron al mismo individuo con un intervalo de varias semanas. La primera vida re-visitada fue la primera experiencia de regresión tanto para la persona a la que se le hacía como para la persona que la dirigía. Ellos estuvieron trabajando con instrucciones escritas como las que se presentaron en el capítulo anterior.

Yo he combinado estas dos regresiones en una simple regresión para ilustrar cómo moverse de una vida a otra, cómo manejar las diferentes situaciones que pueden

ocurrir y cómo adaptar las preguntas a la información reci-
bida, cuando ya no es práctico seguir la línea estándar de
cuestionamiento.

Estos dos ejemplos fueron escogidos específicamente debido al contenido dramático y a las situaciones inesperadas y
difíciles que ocurrieron durante las regresiones. Como usted
verá, ellas fueron manejadas exitosamente por personas inex-
pertas, simplemente siguiendo las instrucciones escritas.

Algunas de las situaciones que ocurrieron: ninguna impresión ni respuesta a ciertas preguntas, alteración en una escena
potencialmente perturbadora, se encontró la razón traumática de una fobia existente y se obtuvo información muy significativa para ambos participantes.

Para efectos de claridad he utilizado la letra Q para designar
el diálogo de la persona que dirige la regresión y la A para
designar el diálogo de la persona a quien se le está haciendo la
regresión. Ambos participantes tenían cerca de treinta años
de edad en el momento de la regresión. A era un ama de casa,
casada con Q, un ingeniero.

Q: ... 2. 1. Ahora usted está en una vida que vivió antes que
ésta. Mentalmente mire a través de sus ojos y escuche a
través de tus oídos. Mire mentalmente sus pies. ¿Qué
tiene puesto en sus pies?

A: No veo nada. Pero siento una extraña sensación en
mis pies.

Q: ¿Qué quiere decir con extraña?

A: Bueno, los siento descalzos, pero como si estuvieran para-
dos en algo. Se siente como si estuviera parada en el agua
con el lodo entre mis dedos.

Q: ¿Dónde está?

A: Estoy andando sobre el agua.

Q: ¿Por qué está en el agua? ¿Está vestida?

A: Siento como si tuviera una camisa ligera y un tipo de falda. La falda está arremangada de manera que se mantiene fuera del agua. Estoy muy cansada. Me duele la espalda. Me estoy doblando para colocar algo en el agua. (Al principio la mayoría de su información llegó por medio de sentimientos físicos).

Q: Mentalmente mire a través de sus ojos y escuche a través de sus oídos. ¿Dónde está y que está haciendo?

A: Oh, veo algo. Estoy colocando pequeñas plantas verdes dentro del lodo. Creo que es arroz. Si, estoy plantando arroz. Soy china.

Q: Mire mentalmente a su alrededor. ¿Hay otras personas con usted?

A: Si, hay un hombre mayor trabajando en el campo conmigo.

Q: ¿Quién es él?

A: Mi esposo.

Q: ¿Entonces, usted es mujer?

A: Si.

Q: ¿Cuál es su edad aproximada?

A: No lo sé.

Q: ¿Es joven, madura o vieja?

(Él le da a ella una elección y eso produce una respuesta)

A: Me siento joven, muy joven. Tal vez escasamente una adolescente.

Q: ¿Cuál es la edad de su esposo?

A: Es mucho mayor que yo. Por lo menos 30 años.

Q: ¿Cuál es su nombre. El primer nombre que se le viene a la mente?

A: No lo sé. No obtengo una impresión de ningún nombre.

Q: Cuándo su esposo le habla ¿cómo la llama?

(Ese fue un buen enfoque para motivar una respuesta sin utilizar ninguna presión indebida).

A: Algunas veces él me llama niña mujer ó joven esposa. No estoy segura que tenga un nombre real.

Q: Hábleme sobre sus padres. Descríbame a su madre.

A: Creo que mis padres murieron cuando yo era muy joven. Mis impresiones de ellos son muy vagas y sombrías.

Q: ¿Quién la crió?

A: Al principio creo que muchas personas en nuestra aldea se encargaron de mi alimentación. Luego me fui a vivir con una anciana. Ella me dejó vivir a su lado porque quería a alguien que hiciera su trabajo. Luego ella me vendió.

Q: ¿Por qué hizo eso?

A: Ella no me simpatizaba ni yo a ella. Ella tenía un temperamento fuerte y avaro. Pensaba que yo comía mucho. Las mujeres huérfanas eran consideradas sin valor pero el señor estuvo dispuesto a pagar una gran cantidad de arroz y otras cosas por mí.

Q: Quién fue el hombre que la compró?

A: Mi esposo. Su esposa había muerto durante un parto. Él necesitaba a alguien que le ayudará en los campos de arroz. Las otras mujeres solteras en la aldea eran muy jóvenes o muy viejas.

Q: ¿Le gusta su esposo?

A: Sí. Es un hombre muy bueno. Es amable conmigo. Yo trabajo duro en los campos con él. Es un buen granjero. Siembra buenos cultivos. Tenemos bastante para comer y algo para vender. Yo tengo vestidos cálidos para el invierno.

Q: ¿Tienen hijos?

A: Sí. Yo le he dado un hijo. Él está muy complacido conmigo.

Q: ¿Dónde viven?

(Aquí el orgullo en su voz fue inconfundible: casi compuesto de superioridad. Su respuesta comprobó el viejo dicho, La riqueza es relativa).

A: Tenemos la casa más grande de la aldea. Tenemos dos cuartos y un pequeño patio. Tenemos un cuarto para cocinar y trabajar y el otro para dormir. Tenemos esteras en el piso tejidas con paja y junco; dos taburetes para sentarnos; esteras gruesas para dormir y cobijas cálidas. Nadie más en la aldea tiene una casa tan grande. ¡Tenemos dos cuartos!

Q: En este momento, vaya al punto en el tiempo donde usted sea más o menos un año mayor. Sólo tomará un momento. Dígame tan pronto como esté allí. Sentirá el tiempo pasando a su alrededor como corrientes de aire o páginas que pasan en un calendario.

(En este punto ella empezó a respirar rápidamente, gimiendo y sobre excitándose. Se podía realmente ver los músculos contrayéndose en su abdomen).

A: ¡Oh! ¡oh! Estoy teniendo un bebé. Eso duele.

Q: Apártese de eso. Físicamente usted está en el aquí y el ahora. Este es simplemente un ejercicio de recordar. No hay necesidad que sienta dolor, inconformidad o pena a ningún nivel. Usted está recordando algo que pasó hace mucho tiempo. De un paso atrás y observe. No sea parte de eso.

A: Está bien. Todo está bien ahora.

Q: ¿Quiere continuar?

A: Si, todo está bien ahora. (Sonriendo) sólo fue algo inesperado y olvidé que realmente no estaba allí. Ya estoy apartada.

Q: Bien. Tendríamos un momento difícil explicando el nacimiento de un niño chino.

A: Eso es verdad. (Sonrisas) ahora estoy bien, continuemos.

Q: Esta bien. Vaya al punto del tiempo al cual es un día después del nacimiento de su hijo. Sólo tomará un momento. Dígame cuando esté allí.

(Esta situación de complicación física fue muy inusual. Q lo manejó de una manera calmada, correcta y con buen sentido del humor. Su actitud se la transmitió a A y ella la manejó bien. Ambos recuerdan el incidente con asombro ya que ella tendía a ganar una gran cantidad de información a través de las sensaciones físicas y una cercana identificación emocional con sus seres pasados. Q hizo en las siguientes regresiones que ella recordara frecuentemente que estaba físicamente en el aquí y el ahora y sólo recordando el pasado. Eso hacía que ella se mantuviera apartada de las situaciones. Gradualmente ella obtuvo más y más de su información a través de ver y conocer y menos a través de los sentimientos).

A: Listo. Estoy allí.

Q: Mentalmente mire a través de sus ojos y escuche a través de sus oídos. ¿Dónde está y que está haciendo?

A: ¡Estoy en nuestro cuarto de dormir con el bebé! Mi esposo y mi hijo mayor están conmigo. Mi esposo está muy feliz. Ahora tiene dos hijos. Él me llama buena esposa y me dice que permanezca en casa. Luego él sale.

Q: ¿A dónde va?

A: A los campos. De nuevo es tiempo de sembrar arroz. Son dos días que ha trabajado solo. Él me necesita pero estoy cansada. Descansaré hoy y le ayudaré mañana. Él es muy amable conmigo.

Q: ¿Qué más hace, además de sembrar el arroz?

A: Sembramos vegetales y tenemos dos cerdos. Yo estoy a cargo de la casa y hago las comidas. Algunas veces hago esteras, canastas y sandalias.

Q: ¿Tiene algunos amigos cercanos?

A: No, realmente no. Mi esposo tiene amigos. La mayoría del tiempo estamos trabajando.

Q: ¿Qué hace su esposo con el arroz?

A: Almacenamos algo para comer y como semilla. El resto él lo lleva al mercado y lo vende o lo cambia por cosas que necesitamos: herramientas, comidas, material para la ropa, té. Nosotros tomamos té casi todos los días. Algunas veces me trae un regalo: una pequeña torta de azúcar o un pedazo de jengibre endulzado. Él dice que algún día me comprará un pájaro cantor en una jaula que ha visto en el mercado.

(Parecía obvio que en este punto probablemente no se iba a obtener nada profundo, por lo tanto era el momento de seguir).

Q: Está bien. En este momento, revise los siguientes 20 años. Dígame acerca de eventos sobresalientes o logros. Sólo tomará unos momentos. Dígame cuando esté allí.

A: Listo, estoy allí. Le di a mi esposo cinco hijos. Los tres mayores están casados y tienen hijos. Ya que nuestros hijos están lo suficientemente adultos, mi esposo compró más tierras con el dinero que había ahorrado. Cuando nació el quinto hijo, me compró un pájaro cantor y la jaula; me llamó esposa fructífera y murió tres años atrás. Nuestros hijos se encargan de mí.

Q: ¿Qué hace con su tiempo?

A: Les enseño a las esposas de mis hijos a ser buenas esposas. Yo les digo que hacer. Les enseño a mis nietos a ser niños buenos y obedientes. Justo ahora, mi pecho me duele y toso todo el tiempo. No pienso que me vaya a mejorar.

Q: ¿Qué piensa acerca de su vida?

A: Fui una buena esposa. Trabajé duro y le di a mi esposo cinco hijos. He tenido una buena vida.

Q: En este momento, retroceda a una vida que haya vivido previamente a ésta. Sólo tomará un momento. Dígame tan pronto esté allí. Usted arribará a la edad de 12 años aproximadamente.

(La edad de 12 años se usa como un punto de inicio porque a esa edad la persona es lo suficientemente mayor para ser bien consciente de lo que está pasando alrededor. Esto también da un punto de referencia para que la persona progrese a varios periodos en su vida).

A: Listo, estoy allí.

Q: Mentalmente mire a través de sus ojos y escuche a través de sus oídos. Mire sus pies. ¿Qué tiene en sus pies?

A: Nada. Estoy descalzo y mis pies están fríos.

Q: ¿Por qué tiene los pies fríos?

A: Es invierno y no tengo puesto mis zapatos.

Q: ¿Qué tiene en el cuerpo?

A: Pantalones y una camisa. Hechos a mano.

Q: ¿Por qué tiene frío?

A: Tenía afán de salir al baño.

Q: ¿Es hombre o mujer?

A: Hombre.

Q: ¿Qué edad tiene aproximadamente?

A: 12.

Q: ¿Cómo se llama?

A: Benjamín. Pequeño Ben es como me llaman.

Q: ¿No tiene un orinal en la casa?

A: El que lo usa lo tiene que vaciar y no quiero hacer eso.

Q: ¿Dónde vive?

A: Con mi familia.

Q: ¿Dónde es eso? ¿Sabe qué parte del mundo es?

A: Por supuesto. Es Louisiana. La parte que llaman Arkansas.

(El lo pronuncia con acento sureño).

Q: Hábleme sobre su familia.

A: Bueno, somos mamá, papá y once hijos.

Q: Dígame acerca de sus padres.

A: Papá es uno de los mejores tiradores de los alrededores. Él sabe todo acerca de los bosques y a donde buscar los animales. Parece que el pez llegara donde él está para que lo pesque. No le gusta cultivar, pero cuando lo hace, lo hace con cuidado, como lo hace con todo. Papá es probablemente el hombre más inteligente de los alrededores. Él sabe leer, escribir y dibujar. Nada se le pasa. Él no es malo, pero si es estricto. Él lo pone a caminar a uno derecho.

Q: ¿Cómo luce él?

A: Es de estatura mediana. Tiene cabello y ojos cafés. Se deja las patillas pero mi mamá hace que se las corte. A ella no le gusta que le lleguen hasta el mentón. A él no le gusta pero lo hace para complacerla. Ella también le hace mantener el cabello corto. Dice que es más limpio. Ella es muy estricta con la limpieza.

Q: Hábleme de su mamá.

A: Ella es tan alta como papá. Tiene el cabello café brillante, el cual se recoge con una gran pinza que pertenecía a su mamá. Se enfurece porque se le suelta el cabello y se le viene a la cara. Mi papá se burla de ella por eso. Sus ojos son grises verdosos. Ella trabaja duro. Parece como si siempre estuviera estregando algo o a alguien. Papá dice que es bueno que vivamos cerca al riachuelo o tendríamos la necesidad de otros once niños para cargar el agua. Ella dice que no va a criar una pandilla de sucios cabecisucias sólo porque vivimos en el campo. Nadie se burla de ella, pero la mayoría de las veces ella sonríe y es agradable. A ella le gusta el bosque, los animales, las hojas y las flores.

Q: ¿Qué hay de sus hermanos y hermanas?

A: William es el mayor. Hace más de un año que se fue.

Q: ¿Qué pasó con él?

A: Papá dice que él tenía unos pies viajeros y que era un hombre. Tenía 17 años. Papá lo dejó ir con unos cazadores de pieles que se dirigían al norte. Me hubiera gustado haber ido también. Me gustaría alejarme de todas estas niñas.

Q: ¿Sus hermanas?

A: ¡Si! Principalmente Amanda y Abigail. Ambas son mayores que yo. Oh Dios, espero que se casen pronto. Siempre están haciéndole sonrisitas a los muchachos Mueller que vienen por aquí de seguido. Cuando no están haciendo eso, me están dando órdenes o burlándose de mí. Luego, están las gemelas Marta y María. Son menores que yo dos años. Mi mamá las llamó así debido a las hermanas de la Biblia. Siempre andan detrás de mí. No me dejan en paz y a donde ellas van, también va John, quien es un año menor que ellas. Luego está Sarah. Ella no me molesta tanto; tiene 7 años pero se parece mucho a mamá. Ella siempre está jugando a la mamá con Mateo quien es un año menor que ella y Henry que tiene 3 años y la bebé Elizabeth que todavía no tiene un año. La mayoría del tiempo me deja tranquilo.

Q: ¿Qué hace usted todos los días?

A: Ayudo a papá con los cultivos, corto madera y cargo agua del riachuelo para mamá. Yo me gasto medio día cargando agua. Algunas veces mi papá y yo vamos a cazar y a pescar. Eso me gusta mucho. A papá también. Pero él dice que debemos hacer primero lo más necesario. Los cultivos tienen que cuidarse en el momento apropiado. Las ardillas, venados y peces pueden esperar pero los cultivos no. Me gusta mucho andar por las colinas. Pero no lo hago mucho.

Q: ¿Por qué no?

A: A mi mamá le preocupan los indios. Yo nunca he visto ninguno. Ella se preocupa más desde que William se fue y no hemos sabido nada de él. Yo pienso que ella cree que también me iré.

Q: ¿Usted va a la escuela?

A: No hay escuelas cerca pero mis padres nos enseñan. Ellos tienen muchos libros. Mi mamá sabe leer y escribir. Durante el invierno ellos nos enseñan a leer la Biblia. Conozco los nombres de los números. Algunos son difíciles pero me las arreglo. Mamá nos hace hacer sumas también. Ella dice que no va a criar una manada de ignorantes.

Q: ¿Sabe qué fecha es o por lo menos el año?

A: Sí. Mi mamá lleva en cuenta los días. Dice que nosotros no vamos a ser como los paganos que sólo saben el cambio de las estaciones. Me gustaría conocer algunos de esos paganos alguna vez. Suena interesante. Veamos. No recuerdo la cuenta de los días, pero el mes es Diciembre y el año es 1810.

Q: En este momento, avance en el tiempo más o menos un año, hasta el punto donde sea más o menos un año mayor. Sólo tomará un momento. Dígame tan pronto como esté allí.

A: Listo.

Q: Mentalmente mire a través de sus ojos y escuche a través de sus oídos. ¿Dónde está y que está haciendo?

A: Estoy en casa. Estoy preparando mis ropas cálidas para salir. Le digo a papá y a mamá que me voy a cacería. En este tiempo del año ellos no hacen muchas preguntas.

Q: ¿Qué tiempo del año es?

A: Invierno. Diciembre de 1811.

Q: ¿A dónde va? ¿Está haciendo algo que no se supone que debería hacer?

A: Realmente no. Es un secreto. Quiero mantenerlo en secreto todo el tiempo que pueda. No siempre se puede mantener un secreto con todos esos niños. Uno de estos días le mostraré a papá, pero quiero mirar bien antes de hacerlo.

Q: ¿Cuál es su secreto?

A: Encontré una gran caverna durante el otoño cuando estaba siguiendo un venado. Nunca había entrado en una. Es muy oscura. Hoy voy a revisarla apropiadamente.

Q: Bueno. Vaya hasta el momento en que esté en la caverna. Sólo tomará un momento. Dígame cuando esté allá.

A: Listo.

Q: Mentalmente mire a través de sus ojos y escuche a través de sus oídos. ¿Dónde está y qué está haciendo?

A: Traje el pedernal y el acero de papá y una mecha para hacer fuego. Está haciendo frío y necesito el fuego para prender las antorchas. Voy a calentarme antes de entrar. Es miedoso y extraño. Espero que no haya osos adentro. Ese es el problema con las cavernas en invierno. Serpientes en verano, osos en invierno.

Q: Háblame de la caverna.

A: Desearía que papá estuviera aquí. No es una caverna donde hay un hueco en el lado de un precipicio. Es difícil de describir. Hay rocas grandes por todos lados. Es miedoso.

(Hasta este punto era obvio que A se había identificando claramente con Benjamín, sobre todo por su manera natural de hablar. Se puede decir que ella se había convertido en Benjamín. Eso estuvo bien hasta que Benjamín arribó a la caverna. Entonces A, empezó a ponerse intranquila, su patrón de respiración y el tono de su voz cambiaron y ella empezó a apretar y abrir sus manos. Q había estado observando eso de cerca y se dio cuenta que necesitaba intervenir).

Q: ¿Se está poniendo un poco nervioso por esto?

A: Si. Me siento inquieto. Necesito desasociarme de Benjamín. Algo malo va a pasar.

Q: ¿Le gustaría parar o continuar con algo más?

A: No. Quiero ver que pasa. Pienso que va a ser muy importante que sepa esto.

Q: Está bien. Sólo apártese y observe desde atrás. Recuerde que este es un ejercicio de recordar. Lo que sea que pase, ocurrió hace mucho tiempo. No hace falta que sienta pena de ninguna clase ni a ningún nivel. Siga cuando esté listo.

A: Listo, aquí voy. Benjamín enciende una de las antorchas en el pequeño fuego que ha construido. Ha hecho varias con corteza y hierba seca. Él las lleva todas consigo, planeando encender una tras otra a medida que las necesite. Está muy nervioso de entrar en la caverna, pero también está excitado y determinado a ir. Hay muchas rocas que tiene que trepar para hacerse camino. Él se mantiene parando y oliendo el aire para ver si puede sentir el olor de un oso o de una serpiente. Se profundiza en la caverna. La antorcha no da mucha luz. Tiene miedo. Se mueve lentamente, mirando cuidadosamente a su alrededor. Algo no parece estar bien. Él no sabe qué es. Sólo siente como si realmente no debiera estar allí. Piensa que sería mejor ir y decirle a su padre acerca de la caverna y regresar más adelante con él. Se siente algo avergonzado por tener miedo. Todavía está parado, tratando de aclarar su mente y saber que hacer. Algo anda mal. Todo parece tembloroso. La tierra está temblando. Es un terremoto. Benjamín está tratando de correr hasta la entrada. Es como tratar de correr sobre jalea, él no entiende que está sucediendo. Él se cae varias veces. Hay rocas cayendo en la caverna.

Q: Relájese. Manténgase apartado. Sólo observe. Usted está recordando algo que pasó hace mucho tiempo.

A: Sí, yo estoy bien. Estoy temblando un poco, pero estoy bien. Pero Benjamín; él no estaba lejos de la entrada cuando cayó sobre su espalda. Un gran pedazo de roca se está rompiendo justo encima de él.

Q: ¿Lo mató?

A: No. Habría sido mejor si lo hubiera hecho. Él está atrapado. La roca está acuñada a unas pocas pulgadas de su cara. Sus pies están atrapados de alguna forma. No puede girar o moverse. Hay otras rocas a su alrededor. Es como un ataúd de piedra. La tierra ha parado de temblar. Hay polvo en el aire y todavía están cayendo pequeñas rocas. Luego todo queda en silencio. Benjamín puede ver la luz del día entre las rocas o tal vez es la antorcha que todavía se está quemando. Él trata de permanecer calmado y ver si de alguna manera puede liberarse. No puede moverse. Sólo puede ver el pedazo de roca justo encima de su cara.

Él quiere voltearse pero no hay suficiente espacio. Aunque lo hubiera, sus pies están atrapados. Él trata de voltearse sobre su estómago. Él cree que puede estar seguro de esa manera o al menos no verá la roca en su cara. Trata por todos los medios de ser fuerte y permanecer calmado, pero el pánico empieza a cundir. Empieza a gritar y a llorar y a tratar de empujar la roca pero es como estar en una camisa de fuerza. Grita y grita como un salvaje. Pobre muchacho. Él nunca le había tenido miedo a nada.

Q: ¿Está usted bien?

A: Sí. Me molesta un poco. Yo conozco el pánico que él está sintiendo. Sé lo impotente y miedoso que se siente. Pero está respondiendo algunas preguntas para mí. Quiero seguir adelante. No se preocupe si lloro. Es más aliviador que cualquier cosa.

Q: Si, entiendo. Permanezca tan apartada como sea posible. Usted sólo está recordando. Eso no está sucediendo ahora.

A: Si, lo sé. Está bien. Se oscurece. Benjamín está exhausto. Duerme un momento pero se despierta con frío. Piensa que tal vez su padre vendrá y lo encontrará y por un momento se calma con ese pensamiento. Pero sabe que la posibilidad que su padre sea capaz de rastrearlo, es poca. También sabe que aunque su padre lo encuentre, el pedazo de roca es muy grande para moverlo. Finalmente acepta que va a morir allí. Cada vez que trata de moverse, entra en pánico de nuevo. Él grita y llora y trata de arañar la roca. Trata de pensar en la forma de matarse. Está muy furioso. Espera que tal vez haga mucho frío para morir congelado. Sigue teniendo ratos de pánico y gritos. Cada vez está un poco más débil y empieza a perder contacto con la realidad. Así sigue durante dos días. Finalmente no sabe quien es ni donde está. Está perdido en una confusión de terror y pánico y queriendo estar libre. Hacia la mañana del tercer día, algo se rompe y todo queda en blanco por un momento. Luego él está parado repentinamente frente a la caverna. Está aturdido y confundido. Le toma unos minutos darse cuenta que está muerto. Quiero parar ya.

Q: Está bien. En un momento contaré de 1 a 5. A la cuenta de 5 abrirá los ojos en el aquí y el ahora, sintiéndose alerta y tranquila. Traerá consigo todo y a cualquier nivel de esta experiencia que puede ser beneficioso para usted en cualquier forma. Dejará atrás todo lo que puede ser perjudicial para usted en cualquier manera 1–2–3 . . .

Aunque la segunda vida fue más dramática, A obtuvo mucha más información de la primera vida de lo que puede parecer al principio. Primero, desde el punto de vista de la mecánica de la regresión, ella ganó una compresión de su tendencia a identificarse fuertemente con las personalidades de las vidas pasadas a través de sentimientos físicos y emociones. Después de la experiencia de arribar en la mitad del parto, ella aprendió observar y también a ser algo intuitiva cuando se trata de situaciones que pueden ser incómodas.

A reconoció al hombre chino mayor con el que estaba casada, como su esposo actual, Q. Aunque los esposos chinos trabajaban hombro a hombro en los campos y que ella le dio cinco hijos, debido a la amplia diferencia de edad, había una cierta actitud padre-hija en relación. En su matrimonio actual, A y Q tienen una relación de mucha igualdad. Q es un año mayor que A. No muy a menudo, pero lo suficiente para que lo note A, Q inconscientemente toma una actitud paternal hacia ella, lo cual la molesta con intensidad. Esto es algo menor en toda su relación, pero ahora A entiende que eso viene no sólo de la cultura en la que estuvieron casados, sino también de la gran diferencia de edad (17 a 20 años) en esa vida.

La experiencia fue importante para que Q por muchas razones. Desde el punto de vista de dirigir una regresión, Q aprendió como un enfoque calmado puede alejar a alguien de una situación molesta y la importancia de ser observador. La experiencia también despertó sus propios recuerdos de esa vida y le ayudó a estar consciente de las situaciones que motivaban su reacción paternal hacia A y a evitar esa reacción.

A y Q rieron a carcajadas sobre los cinco hijos en esa vida. Antes de casarse en esta vida actual, ellos habían discutido el asunto y habían decidido que eran cinco . . . ¡hijas! Al final decidieron que fueran menos.

La segunda vida fue extremadamente significativa para A. Le trajo la respuesta a su problema de toda la vida. Ella había sufrido de claustrofobia. Las cosas menores tales como alguien que le apretara mucho la mano o meter la cabeza en el cuello de la blusa, podía causarle un sentimiento de pánico. Ella creció con pesadillas de ser enterrada viva. Nunca se sintió confortable o segura durmiendo de ninguna manera que no fuera sobre su estómago y con los pies fuera de la cobija. Los espacios apretados de cualquier clase la ponían incómoda.

Para ella fue difícil controlar su pánico así fuera en una caverna grande aunque se sentía fascinada con ellas. Nunca podía dormir en una litera y no podía dejar que cerraran la cremallera de una bolsa de dormir. Había veces en que hasta haciendo el amor con su esposo entraba en pánico. Cuando tuvo su primer bebé, el pensamiento que la aterrorizaba era la posibilidad de tener sus manos amarradas en la sala de partos, lo cual era una práctica común para ese entonces. Ella necesitaba que el doctor le asegurara repetidamente que no lo olvidaría cuando llegara el momento. La toma de radiografías era una prueba penosa. Colocarse cualquier cosa sobre su cara, una máscara para anestesia o una máscara de disfraz, le podría causar la pérdida completa de control.

Ella había encontrado razones para parte de la claustrofobia en otras vidas pasadas y lo había superado en gran parte como resultado de la regresión. Sin embargo, todavía permanece un temor profundo y traumático de ser colocada en un espacio similar a un ataúd o sepultura. Aún más intenso para ella es lo desconocido que existe más allá del miedo.

Muchos meses antes de esta regresión, su esposo estaba trabajando en su auto y le pidió que lo ayudara. Esto le implicaba deslizarla bajo el auto y sostener una pieza en su lugar. Ella lo hizo y se sintió muy incómoda pero controlaba su temor concentrándose en la parte que estaba sosteniendo. Repentinamente su esposo cambió la posición y puso sus pies sobre los de ella obstruyendo el espacio a lo largo del auto. Ella miró a su alrededor y perdió el control. Luego salió debajo del auto llorando, temblando, sintiendo cólera, queriendo gritar, arañar y correr. Hubo un sentimiento del más completo terror y la pérdida total de control, como nunca antes había ocurrido. Fue una experiencia profundamente traumática.

Inconscientemente, ella y su esposo habían recreado una situación muy similar a la que ella había experimentado como Benjamín. A medida que revivió la experiencia como Benjamín, aún cuando se apartó emocionalmente de la situación, ella conocía exactamente las emociones que tenía Benjamín, reconociéndolas como el indescriptible temor y pánico que habían rondado su vida. Más importante, lo desconocido y aterrador que había detrás del temor ahora estaba revelado.

El alivio inmediato de saberlo, fue tremendo. En los días siguientes, A re-creó la secuencia una y otra vez en su mente, descargando más emociones cada vez y ganando una sensación de libertad. Todavía le disgusta estar en situaciones apretadas, pero la palabra clave es disgustar. Ya no le causan temor o pánico.

Una interesante nota de pie de página: revisando los registros, encontramos que en Diciembre de 1811, hubo un terremoto con su epicentro en algún lugar cercano a New Madrid,
MO (cerca de la esquina Noreste de Arkansas), estremecien-
do un área de aproximadamente cuarenta mil millas cuadra-
das. A partir de una descripción posterior más detallada de
las cavernas, es posible que el hecho hubiera sido en la caverna Devil's Den y la caja Devil's Ice, localizadas más o menos a
medio camino entre Fayetteville y Ft. Smith, pero hasta que
A no visite esos lugares, todo es especulación.

Q manejó la regresión muy bien, reconociendo inmediatamente las señales de agitación, dándole a A la elección de continuar o no y luego dándole un refuerzo positivo y de apoyo
durante toda la sesión.

El contraste entre los detalles y la calidad de la información
obtenida en las dos regresiones es notable. La primera regresión
de A fue completamente una primera experiencia típica en que
no se recordaron muchos detalles. Las cosas que se recordaron
con facilidad fueron las más significativas para la joven esposa:
dos habitaciones, cinco hijos, y un pájaro en una jaula.

Más tarde, después que A tuvo muchas regresiones, fue
mucho más fácil recordar información más detallada.

Recuerde los últimos años de su vida. ¿Cuáles son los días que
recuerda? Es posible que no recuerde los días ordinarios. Los
días específicos que son recordados más fácilmente son los días
donde pasa algo inusual: un evento particularmente feliz, algo
frustrante o irritante, algo triste o trágico, un nacimiento, una
muerte, un cumpleaños o aniversario, una boda, un divorcio,
una enfermedad o un accidente. Lo mismo pasa con las vidas
pasadas. Por esto algunas veces parece que las vidas pasadas fueron más excitantes y dramáticas que las vidas presentes. Usted
no recuerda mucho acerca de los días ordinarios o aburridos.

Si tiene alguna duda, haga una lista de los eventos específicos y de los días que recuerda desde la infancia. Mire la lista como si estuviera viviendo otra vida en el futuro y regresara a ésta. Considerando los eventos de la lista que ha hecho, ¿no parece esta vida un poco más excitante y dramática de lo que realmente es? Menciono esto para ayudarle a que coloque sus experiencias de regresiones y las de otros en una perspectiva apropiada. También recuerde que nosotros hemos vivido muchas vidas ordinarias donde aún los eventos inusuales fueron algo ordinario.

La siguiente regresión se llevó a cabo durante los primeros días de nuestro trabajo con la técnica. El sujeto no creía en la reencarnación y no quería creer, pero estaba muy dispuesto a cooperar participando en el experimento. B indica a la persona que se le está haciendo la regresión, H a la persona que dirige la regresión.

H: . . .ahora usted está en una vida que vivió previamente a ésta. . .

B: Tengo la impresión de un vestido de guinga. Los colores son púrpura y anaranjado. Tengo puesto también un delantal blanco con rayas.

H: ¿Cuántos años tiene?

B: Alrededor de 4.

H: ¿Cuál es su nombre?

B: Eliza.

H: ¿Dónde vive?

B: Es como en el campo, pero no es el campo. Las cosas están muy alejadas, pero cerca del pueblo.

H: Vaya al punto en el tiempo donde usted tiene cinco años más, es decir, alrededor de los nueve años de edad. Sólo tomará un momento. Dígame cuando esté allí.

B: Estoy allí.

H: Mentalmente mire a través de sus ojos y escuche por sus oídos. ¿Dónde está y que está haciendo?

B: Escucho la campana de la escuela. ¡Tengo un vestido gris oscuro pero no tengo delantal! Tengo unos calcetines de algodón negros y largos y pantalones femeninos con rayas y encajes.

H: ¿Va para la escuela?

B: No. Estoy preparando a mis hermanas por ir a casa. Ahí vienen. Me están haciendo señas.

H: ¿Cómo se llaman?

B: Ezra y Jeremías. Mi nombre es Mary Eliza.

H: ¿Cómo están vestidos ellos?

B: Pantalones cortos y camisas.

H: ¿Dónde viven ustedes? ¿En qué parte del mundo?

B: Kentucky.

H: Descríbame a su mamá.

B: No tengo ninguna impresión.

H: Descríbame a su padre.

B: No tengo ninguna impresión.

H: Vaya a un punto en el tiempo donde usted es cinco años mayor, más o menos a la edad de catorce años. Dígame tan pronto esté allí.

B: Ya estoy allí.

H: Mentalmente mire a través de sus ojos y escuche a través de sus oídos. ¿Dónde está y que está haciendo?

B: Estoy sentada bajo unos árboles cerca del lago. Hay un hombre mayor conmigo. Él me gusta. Está fumando una pipa larga. Es calvo en la parte superior pero tiene cabello largo y gris a los lados.

H: ¿Quién es él?

B: Puede ser mi padre.

(Empezando en este punto, ella respondió cada pregunta con no tengo ninguna impresión aunque era muy obvio que estaba recordando una gran cantidad de información. Ella indicó su voluntad de continuar con otra vida).

H: Ahora usted está en una vida que vivió previamente a ésta ...

B: Estoy patinando. Es invierno, hace mucho, mucho frío. Es diciembre.

H: ¿Cómo se llama?

B: Katrine.

H: ¿Cuántos años tiene?

B: 9

H: ¿Dónde vive?

B: Amsterdam.

H: ¿Qué año es?

B: No lo sé.

H: Vaya al tiempo donde es más o menos seis meses mayor.

B: Los tulipanes y otras flores están floreciendo. Tengo un hermoso vestido rojo oscuro de terciopelo con un cordón blanco y llevo medias blancas.

(En este punto ella empieza a hablar con un marcado tipo de acento alemán y hubo un ritmo inusual en su forma de hablar).

B: Papá me ha traído zapatos de madera. Zapatos de madera como los que lucen los campesinos, pero los míos están pintados con flores.

H: Háblame acerca de su padre.

B: Papá es un gran hombre. Es bien parecido. Es dueño de muchos restaurantes. Es un hombre rico.

H: Hábleme de su madre.

B: No tengo mamá.

H: ¿Tiene hermanos o hermanas?

B: No. Ni hermanos ni hermanas.

H: Vaya adelante en el tiempo unos seis años, al momento donde usted tiene unos quince años. Sólo tomará un momento. Dígame cuando esté allí.

B: Listo.

H: ¿Dónde está y que está haciendo?

B: En Amsterdam. Estoy coqueteando con los muchachos. Tengo muchos amigos.

H: ¿Tiene un amigo especial?

B: Si, realmente si. Hans es mi amigo especial. El es muy guapo. Yo también le gusto. Tiene 19 años.

H: ¿Se va a casar con Hans?

B: Si, pero todavía no. Papá dice que debemos esperar dos años.

H: Muévase adelante en el tiempo dos años, la época donde usted tiene unos diecisiete años.

B: Si. Hans todavía está ahí. Nos vamos a casar. Tengo vestidos muy bonitos. Mi vestido de boda es de terciopelo negro (?) con muchos encajes. Hay muchas personas importantes aquí.

Todas son hermosas. Papá dice que todo el mundo está hermoso en un día de bodas.

Aquí B indicó su deseo de terminar la sesión. Estaba molesta de no haber tenido muchas impresiones y estaba extremadamente molesta debido al acento, a la manera de hablar y a las palabras extranjeras. Ella dijo que simplemente salían de su boca. Espontáneamente dijo que Katrine probablemente podría hablar inglés pero que el alemán era su lengua nativa. Dijo que

Katrine y su padre habían ido a Amsterdam desde Alemania después que su madre había muerto cuando Katrine era muy pequeña. Luego B se negó a discutir la experiencia más profundamente y nunca expresó el deseo de una siguiente regresión.

Para aquellos de ustedes que estén interesados en direcciones más esotéricas, la siguiente regresión será de gran interés. El individuo a quien se le está haciendo la regresión había mostrado una variedad de habilidades psíquicas marcadas en muchas ocasiones, pero tenía sentimientos muy mezclados y confundidos acerca de utilizarlas. Habiendo tenido regresiones muchas veces, la persona estaba más tranquila con la técnica y sólo necesitaba una dirección limitada. Las preguntas no siguieron el patrón estándar ya que la persona estaba buscando una información muy específica. La primera vida tuvo lugar en Egipto, la segunda en el Tibet. Z es dirigido por C.

C: ¿Dónde está?
Z: Sentado a la mesa mirando una gran piedra verde, creo que es una esmeralda. En el centro ha sido perforado un pequeño hueco y se ha pasado un fino hilo de oro a través de ella. Está anclada horizontalmente en cada extremo de tal manera que la gema está suspendida. Estoy haciendo girar la gema, haciéndola bailar rápidamente con mi mente. Disfruto la sensación de poder que me da.
C: ¿Dónde aprendió a hacer eso?
Z: Yo tenía el conocimiento en una vida pasada y puedo recordarlo.
C: ¿Con qué propósito?
Z: El registro se escribió el día de mi nacimiento. (Quiero decir su carta astrológica de nacimiento). Yo fui forzado a recordar. Ellos me dijeron que yo necesitaría esas habilidades en esta vida.
C: ¿La habilidad de hacer girar un objeto?

Z: Yo estaba jugando con la gema. A mí me gusta mirar el fuego a medida que se mueve y refleja la luz. Me gusta concentrarme en él y dejarlo que me saque de mí mismo. Yo puedo mover muchas cosas. No importa que tan grandes sean. No importa si son líquidas, sólidas o vapores. Ya sean animadas o inanimadas.

C: ¿Usted también puede mover algo no físico; es decir, puede mover o moldear pensamientos y eventos?

Z: Si, pero aún no. Hay muchas cosas que necesito aprender. Pero me gustaría olvidarlo todo. Ellos siempre me examinan en lugar de enseñarme. Hay muchos que se me vienen a la mente todo el tiempo. Ellos nunca me dejan solo. Haga esto, haga lo otro.

C: Cuando le enseñaron como mantener sus habilidades, ¿recuerda como se hizo eso, que le dijeron?

Z: Si. De manera similar a lo que están haciendo ahora pero con otras técnicas que no puedo decir.

C: ¿Por qué?

Z: Fue una promesa solemne que le hice a mis primeros maestros. Ellos decían que eso sólo le traería problemas a los que no supieran que hacer con el conocimiento. Aquellos que saben que hacer con el conocimiento saben como conseguirlo, además, todavía no he terminado. Ellos me dicen que hay una prueba final. Ellos también prometieron que después de esta prueba ya estaré libre para guiar mi propia vida y tomar decisiones sobre cómo y cuándo utilizar mi mente.

C: ¿Cuándo será la prueba? ¿Qué clase de prueba?

Z: Será pronto, muy pronto. Yo no sé que prueba será. No puedo pensar cómo más pueden probarme. Quisiera haberla hecho y finalizado. Yo no debería tener motivo para temer y aún así tengo la sensación de algo malo en el aire.

C: ¿Puede encontrar la fuente del mal?

Z: No. He mirado dentro de mí mismo. A nadie le he hecho ningún daño. No he deseado ni tomado lo que pertenece a otro. No he hablado mal de nadie. No he abusado de la mente ni del cuerpo. No he hablado con ninguno de los misterios sagrados. No puedo encontrar ningún mal dentro de mí a menos que sea malo que desee libertad o que quiera privacidad en mi mente o que a veces desee liberarme de esta vida.

C: Tal vez el mal esté dentro de alguien más. ¿Ha mirado?

Z: Yo no le haré a otro lo que no me gustaría que me hicieran a mí. No, si hay un mal en preparación, lo encontraré y lo dominaré. No tengo necesidad que el miedo se vuelva completo.

C: ¿Cuál es su nombre y su edad?

Z: Me llamo Amman. Tengo quince años.

C: ¿Quiénes fueron los primeros maestros con los que habló, los que le enseñaron a obtener otra vez sus habilidades?.

Z: Mis padres y un sacerdote de uno de los templos cercanos a nuestra casa.

C: ¿Ellos lo trajeron aquí?

Z: No. Estos sacerdotes aparecieron en nuestra casa cuando yo tenía unos 10 años y dijeron que estaba escrito que yo les pertenecía a ellos. Mis padres no querían que viniera, pero no tenían elección.

C: ¿Por qué no quisieron que usted viniera a este templo?

Z: Creo que porque era muy joven. Ellos me dijeron que me mantuviera fiel a mi promesa y que escuchara la voz dentro de mí que me decía lo que era bueno o malo. Yo he tratado de hacer eso, aun cuando se me han presentado muchas tentaciones.

C: ¿Cómo ha sido tentado?

Z: Por los sacerdotes aquí. Yo sabía que ellos estaban probándose para ver si podían persuadirme de usar mis habilidades para el mal. Yo he resistido aunque ha sido difícil. Realmente no hubo una tentación real. Algunas veces pienso que ellos no son muy inteligentes, o no piensan que yo si lo soy. Saben que no puedo ser sobornado, pero yo sé que no hubiera habido pago. Ellos sólo me hubieran enviado desde el templo. Pero no entiendo por qué esta prueba final debería plantar la semilla del temor dentro de mi mente.

C: Vaya al momento de la prueba final.

Z: Durante tres días de preparación, yo no tomo nada de agua ni consumo ningún alimento. No se permite que ninguna tela toque mi cuerpo. Estoy parado en un lugar, rezando y enviando mi alma a ver e investigar para saber si he enviado lo que debería recordar o si hay mal dentro de mí en alguna esquina oscura de mi alma que yo no he visto. Encuentro sólo una pregunta: ¿por qué debemos encontrar a los dioses en un oscuro lugar previsto? ¿No están ellos en las orillas de los ríos, en los verdes campos, en el desierto iluminado por el sol? Una pregunta extraña ¿Por qué debería ocurrirme eso? Se lo preguntaría a los sacerdotes pero tengo prohibido hablar hasta que haya terminado la prueba final. Ellos todavía no me dirán lo que es la prueba. Dicen que yo sabré cuando llegue el momento.

Al amanecer del cuarto día llegan los sacerdotes. Ellos lavan mi cuerpo con agua y lo ungen con aceites sagrados. Esparcen el aceite con pequeñas almohadillas de tela y sonríen a medida que me dicen que es un aceite sagrado, un ministerio del pasado lejano que no debe tocar sus pieles. ¿Por qué tengo miedo? ¿A qué le tengo que temer?

Ahora me llevan a una cámara bajo el templo. Mi cuerpo tiembla por la falta de comida y agua y por el miedo. Esta cámara es un lugar frío y oscuro: un lugar de muerte. Aquí no hay calor o vida como yo esperaba. Aquí está el mal. ¿Es mi temor? Me siento extraño. Mi piel quema. Mi cuerpo está débil. Ellos me hacen tragar una poción y me dicen que eso me ayudará en mi camino. ¿A dónde? Sabe extraño y ácido en mi lengua.

Ahora estoy solo. Estoy muy débil para pararme o sentarme. Todavía no entiendo la prueba. Trato de dejar mi cuerpo pero mi mente está nublada. No puedo dejar mi cuerpo y tengo miedo. Ahora entiendo el mal. El temor no es mi temor. El temor es el de los sacerdotes. Ellos me temen y el mal está dentro de ellos. No podrían controlarme o subvertirme a su mala voluntad. El aceite sagrado era veneno y la poción una droga para nublar mi mente.

Dioses de Egipto, ¿por qué han permitido esto? Yo les serví con todo mi corazón. ¡Yo los niego como ustedes me niegan! ¡Maldigo a todos los que sirven dentro de este templo! Si tuviera la fortaleza haría que las paredes se cayeran sobre ellos.

C: ¿Quiere explorar el periodo después de la vida?
Z: No, ahora no. Estoy siendo arrastrado a otra vida que de alguna manera está conectada a ésta.
C: Vaya a esa vida.
Z: Veo un caballo pequeño, peludo y color tostado. Más que cualquier cosa quiero montarlo, pero no puedo esperar tal cosa. Quiero jugar y correr y ser libre.
C: ¿Dónde está?
Z: En el Tíbet.
C: Hábleme de usted. ¿Por qué no puede montar el caballo?
Z: Soy un niño de 7 años. Mi padre no me quiere. Él me tiene miedo. Yo puedo montar el caballo en mi mente.

Puedo sentir el viento y montar muy rápido. Es grandio-
so. Pero no debo decirlo. Él me golpea cundo le digo las
cosas que hago, me llama embustero y me tiene miedo. Él
me lleva lejos de casa.

C: ¿A donde lo está llevando?

Z: No quiero mirar el lugar: es grande, oscuro y temeroso.
Es un templo, pero no como los otros templos de nuestra
vida. Aquí nadie busca la ilustración. Sólo cuidan sus
bellezas y la ventilación de sus cóleras. Él me lleva a la
puerta y me empuja hacia adentro. Aquí está, él es de
ustedes. Hagan con él lo que quieran. Yo no lo quiero.

C: ¿Que pasó entonces?

Z: Los siguientes ocho años fueron brutales. Olvidé que
podía montar el pequeño caballo en mi mente. A menudo tenía hambre, frío y era golpeado. Trabajé penosa-
mente en la cocina. Se me permitía sentarme en clase con
los muchachos que eran enviados allí para aprender. Yo
aprendía pero no mucho. El profesor enseñaba con una
vara. A menudo decía, Entre más duro se les golpea, más
rápido aprenden. Los días fueron muy sombríos. Yo perdí
la conciencia de mí mismo. Sólo conocía el temor, el
dolor, el hambre y el frío. Aún en tiempo de verano cuando el sol calentaba y las montañas estaban verdes, dentro
de estas paredes hacía frío.

C: ¿Qué pasó al final de los ocho años?

Z: Se me mostró la benevolencia, el reconocimiento que soy
un ser humano.

C: ¿Quién le mostró esa benevolencia?

Z: Un viejo maestro y honorable de una peregrinación se
detuvo una noche dentro de nuestras paredes. Yo fui hacia
él y él colocó sus manos sobre mi hombro y me miró a
los ojos. Fue la primera vez en todos esos años que

alguien me había visto como un ser humano. Había calor, benevolencia y sabiduría en su cara. ¿Quién es usted? me preguntó. No soy nada. No tengo ningún nombre excepto muchacho. Usted es un ser humano, respondió él. No necesita ningún nombre para ser usted. Indague su mente y su corazón y recordará quien y qué es. Aprenda a curarse a usted mismo y luego puede curar a los que lo rodean.

C: ¿Qué hizo usted?

Z: Aprendí a desprenderme de la oscuridad que me rodeaba, al llenar mi mente con las palabras del honorable maestro. Recordé la mirada en su cara y el reconocimiento que me hizo de ser una persona más que un objeto. Miré dentro de mí mismo y vi que yo despreciaba a los que me rodeaban, así como ellos me despreciaban. Yo no era ni mejor ni peor de lo que ellos eran. Tengo un propósito propio. Aprendería a curarme a mí mismo.

C: ¿Cómo asumió esto?

Z: De la única manera que podía pensar. Primero busqué los libros antiguos de curación, curación física. Los libros que hablaban de cuáles plantas recoger y cómo prepararlas para utilizarlas en la curación. Tenía que empezar por algún lado para llenar mi mente con el bien para sacar los sentimientos rencorosos y malignos.

C: ¿Qué pensaban los otros al respecto? ¿Lo dejaron estudiar?

Z: Fue extraño. Cuando dejé de actuar como un subalterno y fui decididamente por mi propio camino, ellos me dejaron solo. También tomaba mi ración de comida justa y nadie me lo prohibía. Hasta tomaba comida extra y se la daba a los otros sirvientes que tenían hambre.

C: ¿Ellos se lo agradecieron?

Z: No. Ellos sólo llenaban sus estómagos. No pude llegar a sus mentes como el anciano maestro lo logró conmigo.

C: ¿Qué siguió a sus estudios de curación?

Z: Empecé a buscar plantas y hierbas en las montañas y en los valles. Así fue como empezó mi propia curación. Me paré en las alturas de las montañas y sentí que estaba parado en la cima del mundo. Yo sabía que quería conocer al que había creado las altas montañas y la blancura que coronaba sus picos y las amapolas doradas en los valles y todo lo que había en el mundo. Aprendí a mirar hacia atrás a través del túnel del tiempo en mi mente y encontré al niño que podía montar el pequeño caballo con su mente.

Me llevó veinte años curarme a mí mismo y saber que cada hombre soy yo y que yo soy cada hombre. Aprendí a tratar las enfermedades del cuerpo, de la mente y del alma. Yo recolecto todas las plantas y rocas especiales y las mezclo para obtener lo que cura el cuerpo. Recolecto todas las alegrías y la benevolencia y las mezclo para curar la mente. Recolecto la paz de todos las cosas, para curar el alma.

C: ¿Cómo ha afectado esto a los que lo rodean?

Z: La gente pobre en las aldeas y en las montañas están agradecidas aunque lo único que entienden es que están libres del dolor. La mayoría de los del templo me menosprecian y consideran la gentileza y la benevolencia como un signo de debilidad. Ellos me habían puesto el nombre de el recolector de hierbas. Un nombre no importa mucho. No necesito ninguno para saber quien soy. He tratado de discutir las cosas que he aprendido, con aquellos que deberían ser capaces de entender. Unos pocos han visto un destello de luz. La mayoría sólo me miran con un frío silencioso. Sus almas están enfermas más allá de mi habilidad para curar. Yo los amaré y los trataré con benevolencia, como he aprendido a amarme a mí mismo y así, amar al que me creó y los creó a ellos. Aliviaré su dolor con mi mente y mis pociones y tal vez algún día ellos recordarán y entenderán.

C: ¿Cómo vivió los días de esta vida?

Z: A mis 37 años, escalé una montaña empinada en búsqueda de una piedra curativa. Hubo un hermano del templo que me siguió. Yo sabía que él estaba allí pero no di señal. Sabía lo que había dentro de su corazón y que nada cambiaría el camino que él había escogido. Si no fuera ahora, sería en otro tiempo y lugar. Sabía que el momento más glorioso de mi vida estaba ante mí si pudiera hacerlo así.

A medida que él me empujaba desde el borde, me relajé y dejé que el amor y el entendimiento fluyeran desde mí hacia él. Me hice sentir como si estuviera flotando en la mano de Dios. Eso pasó rápidamente, pero mi mente hizo que pareciera eterno. Me hice sentir vivo, para tener una sensación tan consciente como fuera posible, por lo tanto, cuando golpeé la pendiente de las rocas, fui consciente de toda la dimensión del dolor. Me rehusé a utilizar lo que mi mente sabía para aliviar el dolor. Sentí y acaricié cada momento, enviándole amor al que había sido instrumento de mi muerte y a todos los que vivían dentro del templo. Le agradecí a Dios por haberme permitido vivir esta vida y llegar a este momento. En el triunfo de ese momento, yo sabía que nunca en las vidas por llegar, ningún hombre sería capaz de hacer que mi cuerpo físico nublara mi mente y tomara de mí, mi paz y mi deseo de amar y mostrar benevolencia. Ningún hombre puede causar que me arrepienta de mi existencia o que odie o niegue a mi creador. Sólo yo puedo permitir que esas cosas pasen, y con lo mejor que hay dentro de mí, no será así.

Al momento de la muerte, fui rodeado por la luz calurosa de amor y paz. Fui libre.

E de esta forma, Z fue capaz de entender los sentimientos confusos acerca del uso de las habilidades psíquicas y recordar y renovar una lección importante aprendida hace mucho tiempo.

Y ahora, una última regresión para ilustrar la gran extensión de información disponible y especialmente para aquellos que están fascinados por las leyendas románticas de la Atlántida. Estas son tres regresiones diferentes, hechas a tres personas diferentes y espaciadas en varios meses. La primera regresión fue un hombre, A, quien regresó a una vida como el padre de la segunda persona, B. B es la mujer quien vivió una vida como un hombre, el hijo de A y el amante de C. C es un hombre que vivió esa vida como una mujer. Debido al interés de la continuidad y de la brevedad, la mayoría de las preguntas de los individuos que dirigen las regresiones y mucha de la información repetitiva será omitida.

A: Tengo más o menos 20 años; estoy en camino hacia la escuela del templo para encontrarme con mi padre y dos ancianos. Ellos se encuentran conmigo para darme entrenamiento más profundo en el desarrollo y uso de mi mente. Estoy en el rango púrpura, pronto voy a encarar la iniciación al dorado. Esas son designaciones dadas debido al color de los trajes que vestimos. Cada color indica el nivel de conocimiento y habilidad alcanzada por el iniciado. El blanco es el rango más alto.

Yo entro a la sala donde me están esperando. Todo en la sala es blanco y dorado y muy bien brillado. Hay un diseño en el piso, un gran sol con rayos que se extienden alrededor del perímetro. En el centro del sol hay una estrella de seis puntas y en el centro de la estrella hay un triángulo hundido. Yo me siento dentro del triángulo, los tres hombres se sientan en las tres puntas. Ellos me comunican información telepáticamente. Mucha de ésta tiene que ver con la manera humana de gobernarse. Con esto llega a mi un sentimiento de fortaleza y poder. Este entrenamiento se ha estado dando durante muchos años. En un tiempo estos tres desaparecerán y yo me convertiré en el líder religioso del pueblo. Por ahora, la mayoría de las personas están en paz y contentas y en armonía con el universo. Así no será siempre.

(Muévase adelante varios años hasta que esté gobernado. Mire el clima político y la información que tiene al alcance. ¿Cómo se siente estando a cargo?).

Los tres hombres que me enseñaron están en el anonimato. Están utilizando sus habilidades para buscar y enviar información a áreas remotas y aisladas del mundo. Hay personas capaces de recibir y utilizar la información, aunque no siempre se dan cuenta de donde proviene.

El peso de la responsabilidad es grande, sabiendo que toda la región está buscando mi orientación, tratando de permanecer en armonía con el lugar donde están y por eso ni todo el entrenamiento del mundo podría prepararme para esto. La orientación y el poder real viene del centro del universo.

Pronto me voy a casar. Hay una mujer muy especial que ha sido traída aquí desde una gran masa de tierra del Norte. Se dice que ella es una descendiente directa de los últimos sobrevivientes de la madre tierra de Lemuria. Yo sé que la relación será plena y feliz. Nosotros estamos en armonía. Estoy esperando con placer pero eso no es lo que gobierna mi vida. El centro del universo es mi amor, mi fortaleza, mi orientación y todo lo demás es secundario.

Todavía hay paz y armonía en la tierra pero no en el mismo grado en que lo fue cuando yo tenía 17 ó 18 años. Ahora tengo 30 años. Si, tengo el rango de color blanco.

Unas nubes negras se están reuniendo alrededor de los perímetros de esta tierra. No importa lo que hagamos, ellas no parecen achicarse ni alejarse.

(El tiempo: años después. La persona: una mujer recordando la vida como hijo de A).

B: Estoy en una edificación que tiene un techo en forma de cúpula, como un museo o salón de exhibición. No es un lugar de adoración. Es muy adornado, bello y colorido. La cúpula está hecha en paneles y cada panel tiene un borde dorado. Alrededor del salón hay estatuas de alabastro de hombres y mujeres en tamaño natural. La principal atracción en el centro del salón es una figura de una mujer de unos 25 a 30 pies de alta. Sus brazos están extendidos y provistos de alas emplumadas. Yo sé que es simbólica, no exactamente del alma, sino de la libertad que puede tener el hombre. Es difícil de explicar. Soy un niño de cinco años de edad y sé que me gusta. Me hace sentir bien es un lugar de increíble bienestar.

La mujer que está conmigo es mi madre. Ella no es una sacerdotisa. Vive en el templo pero ella no es de la orden del templo. Ella ocupa una posición especial.

Si, ahora tengo trece años, tengo puesta una camisa roja que me queda un poco apretada. Si, estoy en el segundo nivel de iniciación. Hay una chica en el primer nivel. Es mi mejor amiga. Más que una amiga realmente. Yo la amo. Nos casaremos cuando tengamos la edad suficiente. Pero no se supone que deba pensar en eso ahora.

¿Mi mamá? Ella viene de otro continente, la gran masa de tierra al Norte de nosotros. Si, ella es racialmente diferente. Tiene una piel mucho más clara, cabello y ojos oscuros. Ella no tuvo que escalar a través de los rangos del sacerdocio. Ha alcanzado altos niveles de crecimiento debido a su educación. Ella fue aceptada por mérito como alguien con rango más alto. La historia dice que es una descendiente directa de uno de los últimos sobrevivientes de Lemuria.

(Tiempo: unos años más tarde. Persona: A, un hombre, recordando una vida como la amante femenina de B durante los últimos días de la Atlántida).

C: Soy femenina, ¡Muy femenina! Más o menos de 16 años. Tengo el cabello largo y dorado, piel color cobre y ojos color ámbar. Estoy parada desnuda en un pedestal. Otras chicas entran y de una manera muy profesional empiezan a vestirme. Hay una prenda completa transparente y luego un traje de un azul muy de la realeza. Espero una ceremonia religiosa, una iniciación. Es muy importante. Esta vez vamos a avanzar doce de nosotras. Cada vez son más pocas.

La ciudad es grande, los edificios como vasos dorados con un área en el centro de la ciudad similar al Central Park. Hay un gran edificio de piedra. Luce casi como una antigua lamasería. Yo he vivido allí desde que tenía 8 años. Recuerdo muy poco del tiempo anterior. Mis padres eran sacerdotes pero nosotros nunca vivimos juntos como una familia. Cuando era joven tenía contacto con ellos cuando quería, pero no era una relación padre-hija normal. No, no tengo ningún sentimiento negativo acerca de eso. Tengo un hermano y una hermana que viven en el mismo lugar.

(¿Qué pasó después que la vistieron para la ceremonia?).

C: Después que me vistieron me llevaron a un gran salón del antiguo edificio de piedra. Este es un edificio que data de los primeros días de nuestro reino. El techo es bajo, apoyado por columnas anchas. Hay muchos sacerdotes vestidos de seis colores diferentes que denotan diferentes rangos y funciones: blanco, dorado, púrpura, azul, rojo y verde. La sala está hecha en forma de rueda de vagón. Los pasillos son los radios que llevan al centro. Cuando doce de nosotras somos llevadas al centro, formamos un semicírculo. El ritual de iniciación es conducido por los sacerdotes vestidos de blanco. Asumimos una posición de arrodillados y a medida que los sacerdotes tocan nuestras cabezas, la sala se vuelve silenciosa. Yo soy sacada conscientemente de mi cuerpo y llevada a través de ritos en ese nivel. El nivel azul tiene que ver con la enseñanza sobre el plano astral. Es un gran día de mi vida. ¿Mi nombre? Ta-san-dra (la mejor forma que lo pueda pronunciar).

(Nota: B está conduciendo la regresión de C).

Yo tengo a una persona que amo. Tan pronto como retorne a mi cuerpo quiero compartir esto con él. Mi amado es usted. Usted es un hombre en está vida. Nosotros somos una mente y un cuerpo. Ellos saben acerca de nosotros. Es casi como si hubiera un convenio no hablado, de que nada se dirá mientras que seamos prudentes. Debido a las circunstancias hemos decidido no hacer votos de matrimonio todavía. La mayoría de nuestro tiempo juntos lo dedicamos al aprendizaje y al descubrimiento. Usted es un poco mayor que yo. No mucho.

Pronto estará siendo iniciado al color dorado. Nuestra vida es plena en cuanto a cada uno y a lo que estamos haciendo. No sé más a partir de este punto.

¿La gente y la cultura? Nuestra ciudad, Cumara, es grande y moderna en muchas formas y todavía hay contradicciones en varias situaciones. Hay transporte masivo y sistemas de comunicación, pero muchas de las cosas de la gente parecen arcaicas. Por ejemplo la ropa: alguna es modernista y trabajada con poco cuidado. Algunas mujeres lucen vestidos para exponer los pechos, otras llevan trajes apretados o a la altura del tobillo. Algunos hombres llevan pantalones cortos, otros llevan de todo, entre trajes cortos, largos y sueltos. Hay vestidos juveniles y anticuados. Algunos parecen vestidos de la era espacial y otros lucen como pastor en su primera visita a la ciudad. No parece haber ninguna diferencia étnica o sociológica en particular, la diferencia está en la religión. Un grupo es más liberal, otro más puritano.

¿El periodo de tiempo? El final de la segunda época. La última gran isla-continente es dividida en tres partes por grandes abismos. La Atlántida es un continente con islas circundantes, es una historia antigua. La destrucción es del pasado lejano. Eso no es relevante excepto para el sacerdocio. Una gran parte de nuestras primeras enseñanzas tuvieron que ver con la historia de Atlántida antes de su colonización por la madre tierra de Lemuria.

Cumara es una ciudad de veraneo sobre la rivera de un gran río que desemboca en el mar. Es una ciudad parecida a Nueva Orleans. Nosotros hemos comerciado con el resto del mundo en el pasado reciente, pero ahora no. Las personas más modernistas son las de las fuerzas militares o las alineadas con lo militar. De alguna manera esto tiene que ver con la razón por la cual el gobierno cerró los puertos.

En muchos muelles a lo largo del río están los barcos de placer los cuales tienen cisnes rojos, dorados y azules de mar y cielo. El sacerdocio tiene sus propios barcos. La mayoría son blancos pero uno o dos son dorados.

En mi memoria yo sólo he caminado dentro de una gran casa-bote. A medida que caminaba hacia uno de los barcos, parecía casi como si la cabeza del cisne girara para mirarme con un ojo. Es difícil no pensar que está vivo.

(Vaya a la edad de treinta años).

Sobre esta tierra hay malos tiempos. La guerra es inminente. Nuestra tierra está condenada. No nos podemos defender de los militares y ellos no comprenden completamente las fuerzas que están desatando. Es seguro que no podemos ganar.

Usted y yo continuamos creciendo de cerca, pero todavía no hemos hecho los votos finales de matrimonio. Hubo una ceremonia privada durante la cual fuimos inducidos al rango de color blanco. Estamos profundamente enamorados. Somos como uno solo. Las cosas que nos han dicho que hagamos nos están devastando. Nuestra tierra será destruida. El sacerdocio será dividido. Algunos se irán y algunos permanecerán. Encontramos increíble que debamos ser separados. En otros niveles nosotros entendemos y aceptamos por qué estamos dedicados a cumplir la voluntad de él, que fue quien nos hizo.

Yo debo irme a tomar parte en el establecimiento de un nuevo comienzo para la evolución del hombre en algún lugar de este planeta. La decisión se ha tomado para descartar las tradiciones de los siglos e implantar un camino nuevo, más simple y espiritual para que el hombre ande.

Aquellos que no pueden jugar un papel vital en eso, permanecerán aquí para ayudar hasta el final. Usted permanecerá para guiarlos a través de ese tiempo.

Hay un barco que utilizamos para encontrarnos y estar juntos. Yo voy a tomar ese barco con otras dos personas y vamos a salir a otra tierra. Usted y yo compartimos nuestra despedida a bordo de ese barco como hemos compartido tantos días y noches. Ambos tenemos la certeza que su muerte es inminente, tal vez unos pocos días o semanas como máximo. Yo también enfrento la posibilidad de la muerte, yendo a tierras primitivas, virtualmente junto con salvajes, con el fin de que las verdaderas que conocemos no se pierdan para el mundo. Siento que no es adecuado pero debo ir.

Recuerdo estar parado en la cubierta, mirando hacia la ciudad, observando como cada vez se hace más pequeña. Entonces el cisne del barco extiende sus alas y emprende el vuelo justo por encima de la superficie de las olas. Viajamos a una buena velocidad durante varios días y luego el barco se establece en las aguas de una costa con una neblina fúnebre. Puedo ver las olas chocando contra la costa, pero no puedo ver tierra firme.

El día siguiente, todavía estoy a bordo del barco cuando soy envestido por una flecha pesada. Usted está muerto y todos los demás están muertos. Su espíritu ha escapado hasta mí. Usted está lleno de horror por lo que ha visto y tiene una profunda tristeza. Yo lo siento calladamente durante muchas horas y converso con usted hasta que está en paz. Luego es tiempo para que yo y los demás desembarquemos y hagamos un nuevo comienzo.

capítulo cinco

Algunas historias de casos

A lo largo de los años de trabajar con regresiones, dirigiendo regresiones y siendo regresado, hay algunas situaciones que ocurren en la vida que no han sido resueltas. Los siguientes casos son ejemplos de varios problemas y situaciones y de cómo la experiencia de la regresión ayuda a entenderlos y a tratar con ellos. Estos sólo sirven como guías para ayudarle a aprender a buscar y a reconocer patrones y eventos significativos. Lo que causa un trauma en una persona puede dejar a otra sin problemas, por lo tanto tenga una mente abierta cuando busque la causa de un problema. Ésta puede no ser la que usted espera y si usted gasta su tiempo buscando algo que se encaje a una idea preconcebida, puede dejar pasar la causa real.

Miedos y fobias

Uno de los problemas que la persona enfrenta es el temor y a menudo esos miedos se convierten en fobias. Yo defino una fobia como un miedo aparentemente irracional y persistente, el cual es socialmente paralizante. Son reacciones anormales que son constantemente presentadas por el mismo sujeto, evento, ambiente o persona.

Fuego

Hace muchos años estaba conversando con una mujer joven en mi casa y casualmente encendí un cigarrillo. Ella entró en pánico y trémulamente reconoció que le tenia miedo al fuego, a cualquier clase de fuego. Si alguien encendía una vela o un fósforo en su presencia, ella inexplicablemente sentía pánico, empezaba a temblar y a transpirar y usualmente salía corriendo envuelta en lágrimas. Esto era muy embarazoso e incómodo para ella y reconoció que la respuesta no era apropiada para que la situación estuviera completamente fuera de control. Ni ella ni sus padres podían pensar en ningún trauma de infancia que pudiera ser la causa de su temor.

Durante el curso de una regresión descubrimos que en su más reciente vida pasada, ella había estado atrapada en el piso superior de una vieja granja y se había quemado hasta morir. Utilizando las frases positivas de la técnica de regresión ella superó la mayor parte del trauma. Después discutimos el hecho que esas circunstancias eran poco probables que ocurrieran en esta vida y que ella no tenía necesidad de reaccionar de esa manera ante el fuego. Ella dijo que sólo conocer lo que le había causado la fobia, liberó una tremenda carga de su mente y sintió una libertad que no recuerda haber sentido jamás. Pidió una caja de fósforos. Yo estaba un poco indeciso pero se la di. Ella tomó una respiración profunda y encendió uno. Cuando sostuvo el fósforo encendido, cruzó por su cara la más bella sonrisa de alivio. Uno por uno quemó cada fósforo sin tener la más mínima reacción.

Esta fue una recuperación dramática de una fobia muy severa. No todos los miedos se resuelven de una manera tan instantánea.

Serpientes

Yo he conocido muchas personas que le tenían un miedo espantoso a las serpientes, venenosas o no venenosas. La mayoría de las personas tiene por lo menos, un respeto saludable por ellas, aunque el peligro de alguna manera es valorado excesivamente. En los Estados Unidos, usted corre un mayor riesgo de ser golpeado por un rayo que de morir por la mordida de una serpiente.

Ahora, teniendo una hija que tiene una afinidad con cualquier cosa que se arrastre o que gatee, yo he aprendido a estar confortable con la presencia de serpientes y toda clase de criaturas raras. Y un poco de conocimiento y de sentido común me ha ayudado a evitar problemas en mis paseos silvestres. Así, las serpientes eran lo último que se me pasaba por la mente cuando me estaba preparando para llevar a algunos amigos de paseo. Estábamos en una tienda comprando cosas de última hora y yo no estaba prestando mucha atención a los demás cuando el hijo menor de unos de los hombres, corrió y puso algo en la mano de su padre y dijo, "papi, ¿necesitarás uno de estos?", escuché un sonido extraño y volteé a mirar al papá en cuestión, quien estaba temblando, indefenso, mirando fijamente y aterrorizado su mano y tratando de respirar por la boca. Me tomó un minuto darme cuenta cuál era el problema. El hijo había puesto en la mano de su padre un botiquín de primeros auxilios para las mordidas de serpientes sobre el cual estaba pintada la cabeza de una serpiente con la boca abierta y con dientes prominentes.

Yo tomé el botiquín y llevé al señor fuera del área, hablándole de una manera muy tranquila. El trauma empezó a menguar y fuimos afuera y nos sentamos en el auto. Él me dijo que no podía recordar haber tenido alguna vez una serpiente viva a su alrededor, pero que siempre reaccionaba así cuando veía una serpiente en la televisión, en el cine, en un libro o en una revista. Enseguida supe que teníamos un problema mayor al que él había notado. Habían muchas serpientes de agua inofensivas y algunas cascabeles en el área donde planeábamos acampar. Si un dibujo podía tener el efecto del que yo había sido testigo, no me podía imaginar lo que provocaría un encuentro cara a cara con una serpiente viva.

Intentábamos salir temprano la siguiente mañana, por lo tanto le expliqué el problema al señor y le pregunté si estaba dispuesto a hacer una regresión esa noche. Él estuvo de acuerdo. Regresó a una vida en la India donde había sido mordido por una Krain, una serpiente pariente de la Cobra y había sufrido una dolorosa y traumática muerte.

Después de la regresión discutimos las clases particulares de serpientes en el área a donde íbamos a ir, así como las mordidas y la manera como se diferenciaban de una Krait. Yo subrayé las precauciones normales que se debían tener al encontrarse una serpiente cascabel y le aseguré que yo siempre llevaba una vacuna anti-venenosa. También discutimos el hecho que pocas mordidas de serpiente dan como resultado la muerte. Él miró precavidamente una foto de una serpiente y tuvo una reacción muy pequeña.

Sentí que él había tenido un éxito razonable, cuando unos pocos días después él se paró a unos metros de una serpiente en la hierba, se estremeció levemente y dijo, "que criatura tan fea y astuta". Luego me miró y se sonrió con sarcasmo, "bueno, al menos ya no me volverán a producir pánico, pero no espere que ame a esas pequeñas pícaras".

Conocimos a otro individuo, una mujer joven, quien exhibía un coraje y un coraje inusual cada día ya que a menudo batallaba literalmente por su supervivencia física trabajando en un colegio situado en una de las zonas más peligrosas de la ciudad, donde estaba determinada a enseñarle a los estudiantes a leer. Yo no creo que hubiera podido enfrentar la amenaza diaria del asalto físico o tener que cargar un hacha de mano para protegerme en los callejones y en los parqueaderos como ella lo hacía. Ella aparecía sin temor y muy controlada hasta que se encaraba con una serpiente o con cualquier cosa que se le pareciera. Esto podía reducirla inmediatamente a un estado de lágrimas e histeria.

Durante una regresión recordó una vida cuando era muy pequeña, ella vivió en una pequeña choza de una isla pantanosa. Ella fue acorralada en la choza por una serpiente grande y venenosa que la mordió repetidamente. La niña sufrió una muerte dolorosa. Revivir ese episodio fue una experiencia muy emotiva para ella y su temor hacia serpientes asumió un nivel normal de respeto saludable.

Y luego, está el caso de uno de mis amigos del alma que realmente no le teme a nada excepto a las serpientes. Él ha regresado ansiosamente a toda clase de situaciones excepto a las que tienen que ver con ese temor en particular. Su razón: "No quiero dejar de temerle a las serpientes". Y por supuesto, eso estimula poderosamente mi curiosidad.

Temor a los doctores

Una vez tuve la ocasión de trabajar con una mujer joven que expresaba un excesivo temor a los doctores y a cualquier tipo de ambiente que tuviera que ver con los hospitales o laboratorios. Esto le había causado muchos problemas y repetidos episodios embarazosamente traumáticos. Los recuerdos de haber sido forzada a hacerse exámenes de sangre antes de entrar al colegio eran terroríficos. Había perdido muchas oportunidades excelentes de trabajo las cuales requerían exámenes médicos. Aunque estaba muy enamorada de un hombre joven, hasta el pensamiento de la prueba de sangre que se requería, la hizo vacilar a aceptar su propuesta de matrimonio. También tenía que considerar el hecho de tener hijos.

Ella no había discutido nada de eso conmigo al momento de su primera regresión. Durante la regresión, después de haber revisado una vida, su impresión inicial de la segunda fue de un carro de ganado y de un alambre de púas. Ella inmediatamente expresó el deseo de terminar la sesión sin dar explicaciones. Unos días más tarde durante una segunda sesión, ella de nuevo llegó a esa vida, salió rápidamente y pasó a otra vida diciendo que había muerto a una edad joven. Después de hablar yo le pregunté acerca del incidente y ella respondió que había algo espantoso en esa vida que no quería permitirse recordar. Luego repentinamente empezó a hablar con respecto a su temor a los doctores y hospitales. Yo le expliqué que el temor podría tener sus raíces en esa vida, los cuales serían fáciles de manejar y sin obstáculos. Ella lo pensó por unos días y regresó diciendo que quería recordar, porque después de todo era sólo una memoria.

Yo enfoqué esa regresión con mucho cuidado, utilizando repeticiones frecuentes de las frases que la ayudaban a permanecer apartada de la situación. Lo que resultó fue la más horrorosa, de mal gusto y enfurecedora historia que jamás he escuchado. Escuchando su voz, yo casi podía ver los eventos a medida que se relataban. Ella había sido una joven muchacha judía, justo en su pubertad durante la Segunda Guerra Mundial. Había sido apartada de su familia, confinada en un campo de concentración y separada para realizar experimentos médicos. Ella había sido utilizada de la manera más obscena e inhumana, abusada, mutilada, puesta en exhibición y ridiculizada. Esta hubiera sido una horrible experiencia para cualquiera, pero para una niña sensible y emocionalmente vulnerable, todavía tratando de manejar las emociones normalmente confusas de la pubertad y el trauma de la separación de su casa y su familia, fue totalmente devastador. La muerte fue bienvenida.

Esta joven mujer alivió una gran parte del trauma de esa vida durante la regresión y volvió al presente con una cólera saludable hacia las personas que le habían hecho eso y con la determinación de no arruinar una segunda vida. En el último contacto que tuvimos, ella estaba casada y celebrando anticipada y felizmente la llegada de su primer hijo.

CASOS PARA DESTACAR

Un problema de alcohol

En mis estudios, tuve la oportunidad de conocer dos casos de alcohólicos que no tenían conexión el uno con el otro, habían

vivido en diferentes países y habían sido tratados por dos hip-
noterapistas diferentes, en años diferentes. El hecho que hizo
que estos casos se clavaran en mi mente es que ambos habían
sido regresados a una vida pasada, uno deliberadamente y el
otro por accidente y ambos habían llegado a razones casi idén-
ticas para los problemas con el alcohol. Yo le había hecho
regresiones a muchos alcohólicos, sin ese problema en mente
y nunca había tenido un episodio similar. Unos años más
tarde, estuve intrigado al escuchar un patrón familiar que
emergía durante la regresión de un hombre que recientemente había conocido. Él revivió una vida en la cual fue un soldado durante la Guerra Civil Americana, muy joven y asustado.
Quería permanecer alejado de la sangre, del ruido y de la batalla y borrar todo eso de su mente. Durante los últimos días de
la guerra civil, fue herido seriamente. No había ninguna ayuda
médica, pero uno de sus amigos tenía parte de una botella de
whisky. Había lo suficiente para mitigar el dolor por unos
momentos. El joven murió un par de días después con un
furioso deseo de tener más alcohol para ahuyentar el dolor y
borrar todo el horror a su alrededor.

Después de la regresión el hombre empezó a llorar y me
dijo que no podía recordar un momento en su vida donde no
hubiera deseado beber alcohol. Él había intentado varios tipos
de tratamientos y había estado involucrado en varios grupos
de terapia, pero cada vez la ayuda era temporal. Ahora sentía
que tenía una información sólida con la que podía trabajar.
Hicimos algunas otras regresiones y descubrimos otra vida
anterior a la guerra civil durante la cual él había desarrollado
el hábito de beber mucho cuando quería evitar enfrentar los
problemas. (A menudo los problemas o miedos muy afianza-
dos tienen sus raíces en más de una vida). Habiendo determinado que esas dos vidas fueron las únicas en las cuales el

alcohol jugaba un papel importante, yo repetí varias veces las frases positivas al final de la última regresión diciendo, "usted traerá consigo el conocimiento y entendimiento benéfico en todos los niveles, de por qué tiene el fuerte deseo de consumir bebidas alcohólicas. Usted dejará atrás en todos los niveles, la necesidad perjudicial y el deseo de consumir bebidas alcohólicas".

No lo volví a ver durante varios meses; un día me llamó y me contó acerca de su progreso. Su deseo de beber ya casi no existía, pero cuando el deseo lo abrumó durante las primeras semanas se decía así mismo que ahora que entendía lo que ocasionaba el problema, ya no existía razón para beber. Me dijo también que el deseo fue controlado fácilmente y luego dejo de aparecer. Luego dijo que ocasionalmente se encontraba en una situación social o de negocios donde era torpemente inducido a beber. Dijo que ahora podía tomar una copa y mantenerla durante toda la noche y nunca tener el deseo de otra. Por un periodo de años mientras estuvimos en contacto, ésta contínuo siendo la situación.

Esto por su puesto no es la respuesta a todo el problema del alcohol o de las drogas, pero para aquellos que están buscando ayuda, es valioso explorar. Siempre existe la posibilidad que se encuentre información la cual ayudará en el tratamiento convencional de estos problemas.

Una compulsión inusual

Hace muchos años conocí un hombre que estaba sujeto a un comportamiento compulsivo inusual. Él compraba abrigos. Este hombre tenía armarios llenos de abrigos y era usual verlo en cualquier tiempo del año con un abrigo puesto o en la mano. Raramente pasaba un mes sin que comprara un abrigo y algunas veces era con más frecuencia. Podía entrar a una tienda pensando en comprar algo específico pero si veía un estante de abrigos, eso era lo que terminaba comprando. Ahora, en algunos de los climas del Norte esto puede no parecer extravagante, pero él vivía en el área de Texas donde un abrigo ligero era adecuado para todos, sino para unos pocos de los días más fríos de invierno.

La mayoría de sus viajes eran al Sur de México o América Central (entre más caliente mejor). Las únicas veces que supe que él se aventuraba a cruzar el rió Rojo fueron durante los meses de verano cuando iba equipado como "Nanook del Norte". Mi esposo y yo estábamos perplejos con el comportamiento de ese hombre que tenía una mente lógica y analítica y que parecía interesado en acumular gran cantidad de objetos materiales. Enfrentado a la elección de gastar su último dólar en comida o en un abrigo, el abrigo siempre ganaba.

Todo se aclaró durante una regresión donde revivió una vida en el Norte donde la mayor parte de ella tuvo frío. Encontrándose en una desesperada situación donde la muerte por congelamiento era inminente, él se prometió que si sobrevivía nunca más volvería a tener frío. Él murió con ese pensamiento en mente y ha dedicado esta vida tratando de cumplirse la promesa. Ahora su armario de abrigos es más pequeño y es mucho más probable que salga a una tienda a comprar lo que tenia en mente, pero todavía le gusta tener varios abrigos a mano "por si acaso".

Fiesta de corbatín

Dos personas que conocíamos, un hombre y una mujer, tenían aversiones similares a usar cualquier cosa apretada en el cuello. Nada de blusas ni camisas abotonadas hasta arriba, ni prendas con cuello de tortuga, ni bufandas y para el hombre tener que usar un corbatín era como si se le pidiera que enfrentara al paredón. Cualquier cosa que les causara la más mínima presión alrededor del cuello les producía sensaciones incómodas y sentimientos de náuseas. En ambos casos, las regiones revelaron vidas en las que ellos habían muerto ahorcados.

Yo no sé cuál fue el resultado a largo plazo en el hombre. Sólo puedo hablar de la mujer. "Todavía no me pongo prendas cuello de tortuga pero he aprendido a estar confortable con un pañuelo ligeramente apretado alrededor del cuello en mis paseos silvestres".

Malditos caballos

Habiendo crecido rodeada de caballos y montando cada vez que puede cuando niña, nunca se me pasó por la mente que me casaría con un hombre que odiaba a los caballos. Fue muy tarde cuando lo descubrí. Llevábamos quince años de casados. Hasta entonces nosotros habíamos vivido en la ciudad y nunca se había hablado al respecto. Entonces nos mudamos a un área rural. Estuve complacida cuando los dueños de la propiedad enseguida a la de nosotros y la familia de enfrente habían adquirido algunos caballos. Yo miré con gran orgullo y asombro, y algo de temor, cuando nuestra intrépida hija de cinco años cruzó la carretera e incitó a los caballos a venir hacia la cerca con una golosina. Luego ella subió a la cerca, se balanceó en el poste y saltó encima del caballo y lo montó alrededor del pasto sin ninguna rienda hasta que el caballo retornó a la cerca y así ella pudo invertir el procedimiento.

Yo no le dejé saber lo que sabía. ¿Por qué echar a perder la mitad de la diversión? Pero motivé a ambas chicas a que hicieran amistad con el caballo que vivía enseguida de nosotros. Cada tarde podíamos verlo estirándose en la cerca esperando por nosotros para que saliéramos y lo mimáramos y le diéramos hierba para comer.

Nosotros estábamos haciendo eso cuando mi esposo llegó del trabajo. Yo lo llamé para que se nos uniera. Su reacción me tomó por sorpresa. Él no quería tener ningún contacto con ese caballo, ni quería que nosotros lo hiciéramos. Yo le dije que nuestra hija menor había estado haciendo un esfuerzo para mostrarle lo amables que eran los caballos. Su respuesta fue: "Los caballos son bestias, impredecibles y poco fiables. Quiero que permanezcan alejados de ellos. ¡Deberían matar a todos los caballos!".

Yo no podía creer lo que estaba escuchando. Este era el hombre que había protegido un pequeño pájaro que estaba perdido de su nido hasta que pudo volar. Este fue el hombre que trajo a casa gatitos y perros cachorros, un conejo recién nacido, sacado de la boca de un perro y hasta un bebé zorrillo huérfano. Este fue el hombre que había convertido nuestro acre en una colección de animales. ¡Y odiaba los caballos!

Le pregunté si había tenido alguna mala experiencia de infancia con un caballo. Él me dijo que no, lo que pasaba era que "yo odio los caballos y los caballos me odian".

Tiempo después entendí la razón. Durante una regresión una noche él recordó una vida en la cual fue perseguido por un grupo de hombres a caballo. Estaba a punto de eludirlos cuando su caballo se tropezó, cayó y lo lanzó lejos. Los hombres lo capturaron y lo colgaron por algo que no había hecho. Él murió odiando y maldiciendo a ese caballo.

Le ha tomado un tiempo pensar en eso, pero justo el otro día me pregunto que si había algún lugar cercano donde pudiera rentar algunos caballos. Él quiere aprender a montar.

La liberación femenina

Usted no siempre puede encontrar la causa de un comportamiento en una vida pasada, pero algunas veces hay una cura allí de todas maneras. Yo tengo un amigo muy querido que tiene un aire y una apariencia de muy macho. Cuando recién nos conocimos, sus modales hacia las mujeres eran estrictamente de "caballero del Sur". Pero en ocasiones él expresaba una actitud acerca de las mujeres en general la cual me hacía querer plantar mi pie firmemente en su sentadero.

Un día estábamos haciendo regresiones por practicar y dijo que no tenía nada específico en mente, que yo podía elegir la dirección que quisiera. Yo supe que había llegado el momento. Lo dirigí para que regresara a cualquier vida donde hubiera vivido como una mujer, preferiblemente una esposa y madre. ¡Encontramos una mina de oro!

Él fue una mujer muy joven, inteligente y bien educada que se encontraba en el papel de una esposa pionera con una casa llena de bebés. Yo le dejé saborear las memorias de lidiar con la menstruación en condiciones primitivas, el embarazo, el parto, el trabajo penoso de hacer las comidas todos los días, el lavado de la ropa y vivir con un esposo gruñón y exigente y su supervivencia en regiones inexploradas. Él recordaba que se sentía como si tuviera muy poco o ningún derecho y era considerada como una ignorante y ciudadano de segunda clase porque era una mujer.

Esa fue una gran revelación para él. Sospecho que si él tiene que regresar en su próxima vida como una mujer, será como una brillante luchadora por los derechos femeninos.

Fricción familiar

Había un muchacho adolescente de una familia muy unida que tenia problemas con su abuelo. Ellos se querían cuando se separaban, pero simplemente no se soportaban cuando estaban juntos. Esto había sido así prácticamente desde el nacimiento del joven.

Desde muy pequeño recordaba haber resentido cualquier instrucción de carácter personal de su abuelo y el hecho que su abuela no lo trataba como un adulto. El abuelo reaccionaba a cualquier comentario hecho por el muchacho, acusándolo de tratar de vivir por sí mismo y de actuar como si supiera más que su abuelo. La atmósfera cuando ellos estaban juntos era de hostilidad, cada uno esperando que el otro hiciera o dijera algo que pudiera ocasionar una ofensa. Ninguno de los dos reaccionaba de esa manera con el otro en ninguna situación.

La información de la regresión a vidas pasadas reveló que el muchacho había sido el papá de su abuelo en esa vida (su propio bisabuelo). El bisabuelo había fallecido unos años antes del nacimiento del muchacho. Él había sido un padre muy estricto y dominante, criticando constantemente a su hijo y haciéndolo sentir inseguro e inadecuado. Él había exigido una obediencia estricta y sin una muestra de respeto. La edad no lo había ablandado.

El hijo (abuelo) le había guardado resentimiento a su padre toda su vida pero le había amado y quería complacerlo o por lo menos tener su aprobación y aceptación. Había momentos en los que sus sentimientos bordeaban el odio. En numerosas ocasiones cuando el hijo se había embarcado en algunas aventuras, su padre había intervenido con consejos e instrucciones causándole la pérdida de confianza en sí mismo y que fallara.

Con razón existía fricción entre los dos. El nieto quería que su abuelo lo tratara de la misma forma que él había demandado cuando era el padre. El abuelo instintivamente reconocía la personalidad de su dominante padre en su nieto y reaccionaba de acuerdo a eso.

El conocimiento le trajo un gran alivio a la situación. Aunque las creencias del abuelo le impedían ser consciente de esa información, los padres del muchacho la entendieron y la aceptaron. Ellos fueron capaces de ayudar al muchacho a modificar sus acciones hacia su abuelo y a tratar con su abuelo y con sus propias frustraciones y resentimientos. La situación todavía no es ideal, pero las tensiones se han menguado ampliamente y el nieto y el abuelo frecuentemente pueden pasar un día juntos sin fricción de ningún tipo.

Suicidio

El suicidio es un tema difícil y complejo. Es imposible cubrir todos los aspectos en un trabajo como este. Yo no tengo todas las respuestas, tal vez un poco de discernimiento y de experiencia que ofrecer, con la esperanza que proporcionará alguna ayuda y entendimiento para alguien.

A mi modo de ver, el suicidio no es un tema que se puede confinar dentro de límites estrictos de lo correcto y lo incorrecto, de lo negro y lo blanco. Hay un número infinito de tonos grises. Los motivos y las circunstancias tienen que jugar un papel importante en la consideración de los aspectos del karma. Hay una vasta diferencia entre alguien que comete el suicidio como un acto de auto-sacrificio para salvar a otros de la muerte, la traición o miseria, y alguien que comete el suicidio como un escape del dolor o problemas emocionales. Aun así, es difícil juzgar a menos que usted haya experimentado las profundas depresiones que el espíritu humano es capaz de alcanzar, (que el dolor emocional no tiene contraparte en lo físico) donde el sentimiento de soledad es tan profundo que la vida parece absolutamente sin propósito y se siente sin ayuda y sin esperanza, que parece no haber lugar hacia el cual correr para pedir auxilio, ni ninguna manera en que se puede comunicar la desesperación y hasta existe la falta de deseo de buscar ayuda. Existe un momento que llega cuando el dolor es intenso que usted hace un pacto consigo mismo que no va a herir a nadie más y que no va a sentir más esa pena. Esto trae un sentimiento de calma y ese es el momento cuando se toma la decisión para llevar a cabo el acto del suicidio ya que el dolor no retornará. Pero es la decisión de abandonar el dolor, de hacer algo acerca de eso, la que trae la calma, no la decisión de morir. La muerte hace una falsa promesa de olvido con una finalización de los problemas. Pero los problemas y el dolor permanecen todavía después de la muerte y en la siguiente vida y en la siguiente, hasta que entiende que no hay ninguna parte donde se puede esconder. La única manera de escapar es tomar esa decisión de no herirse nunca más y de vivir y aceptar que ninguna persona o circunstancia vale la pena cuando le causan dolor y miseria en su vida.

Si hay alguien alrededor de quien usted sospecha que tenga sentimiento suicida, no tema preguntarle y escucharlo. Olvide la insulsez. Si usted no está allí, no sabe como se sienten ellos. Hágale saber que usted los ama y los quiere y que los ayudará en lo que pueda. No vacile decirle a aquellos que los rodean, que los cuiden y que pueden darle una ayuda constructiva. Si usted puede hacer que se interesen en la regresión, mucho mejor, porque eso puede proporcionar la respuesta que ellos necesitan y puede ser que el difícil y frío hecho de experimentar la supervivencia después de la muerte y la ley de la causa y efecto sea la respuesta.

Durante veintidós años disfrute de una maravillosa amistad con un hombre que llamaré Jim. Jim era excepcionalmente inteligente, caluroso, amable, generoso y gentil. Hablaba varios idiomas con fluidez y todo lo que tocaba lo convertía en dinero. Él disfrutaba el vivir bien y era uno de los seres humanos más generosos que he conocido. Superficialmente parecía que tenía todo, pero ese no era el caso.

Jim era una persona extremadamente sensitiva, siempre esperaba que los demás fueran tan amables y honestos como lo era él y cuando no era así, se sentía como si fuera una falla suya. Fue sólo después de años de heridas, desconciertos y traiciones que empezó a expresar una actitud más realista hacia la gente, aunque yo sospecho que en lo más profundo nunca perdió sus expectativas idealistas.

Jim había cometido el error de permitir que su sentido de auto-valoración y auto-imagen fueron moldeados por lo que los demás pensaban de él (en particular sus padres). No importó lo que lograra en el colegio o más tarde en su profesión (y sus logros eran considerables). Él nunca había recibido una palabra de elogio por parte de sus padres. Si obtenía un 99 en un examen, la respuesta era, "¿por qué no fue un 100?" Si obtenía un 100, tampoco había ningún elogio. Era sólo lo que esperaban de él. Él permitió que esa actitud lo encegueciera hacia sus propios logros. Pero los elogios no eran lo que Jim quería realmente. Quería ser amado y sentía que debía haber alguna falla dentro de él porque no pare-cía importarle a sus padres. El problema era que Jim no había aprendido a amarse a sí mismo. Además de esto, Jim tenía un problema físico que le causaba estar con demasiado sobrepeso.

Durante su adolescencia y en sus veinte, Jim a menudo se deprimía y sentía deseo de suicidarse. Nosotros hablamos a menudo y me sentía más que inútil porque yo era joven e inexperta en tales asuntos. Además, Jim no creía en ningún tipo de ser supremo ni que hubiera nada después de la muerte. Mis creencias religiosas en ese tiempo no tenían nada en común con las de él. Durante sus años treinta, el patrón de dolor y desilusión se intensificó y él quería un final a su miseria. Hizo dos intentos serios de suicidio, pero ambas veces yo había sentido lo que estaba ocurriendo y pude prestarle ayuda a tiempo. Parte de mí lo entendió y se compadeció, pero durante ese tiempo yo había llegado a creer en la reencarnación y había empezado a trabajar con la regresión. A través de ésta, Jim finalmente llegó a entender y a creer que la muerte no quería decir un final de nada. En sus vidas pasadas empezó a ver las razones de algunos de sus problemas y descubrió que se había desarrollado un patrón en el cual él había utilizado el suicidio en numerosas vidas en un intento por escapar. Determinó resolver tantos problemas como pudiera y aprendió a vivir con los que no podía. Empezó a quererse un poco más y aprendió a aceptar que habían muchas personas que lo amábamos y respetábamos mucho. Puso su mejor esfuerzo bajo circunstancias extremadamente difíciles. Durante los últimos años de su vida cuando parecía que todo el universo se descargaba contra él, Jim aguantó y mantuvo su naturaleza amable y cariñosa.

Cuando empezó a enfermarse y sospechaba que no se recuperaría, él nos telefoneó y nunca dio un indicio de que todo no estuviera bien. No sospeché que estuviera grave. Más tarde cuando supo que estaba muriendo, hizo un último acto generoso que era típico de él. Se rehusó a permitir que nos notificaran porque no quería arruinar nuestros planes durante las fiestas de ese año.

La vida de Jim nunca fue fácil pero logró resolver muchos problemas que no encarará en vidas futuras y se liberó por sí mismo del ciclo del suicidio.

Fue en una pequeña aldea donde un amigo del alma y yo vivíamos. Nosotros habíamos nacido casi en el mismo momento e inmediatamente habíamos desarrollado una gran afinidad el uno por el otro basados en muchas vidas similares. Aunque yo era mujer y él era hombre, rehusamos los papeles tradicionales y había poco en nuestras vidas que nosotros no compartimos. Era inevitable que nos convirtiéramos en marido y mujer. Recién nos habíamos casado, unos indios hostiles atacaron nuestra aldea y empezaron a matar a todo el mundo. Él fue herido mortalmente pero yo logré llevarlo a un lugar seguro y lo mantuve allí hasta que murió. Yo no podía imaginarme la vida sin él. No le di importancia al futuro ni a que los otros pudieran necesitarme. Sólo quería seguirlo a donde se había ido. Tomé su cuchillo y me maté.

Es difícil describir el impacto de lo que siguió. Parecía que todavía estábamos en nuestras queridas montañas. Él estaba delante de mí, desapareciendo justo en una curva de un cañón o en la cima de una cordillera. Yo lo llamé pero él no me escuchó. No importaba que tan rápido corrí, nunca pude alcanzarlo. La profundidad de la soledad y el desespero son indescriptibles. No había forma de medir el tiempo. Pero este parecía ser eterno. Luego paré de pensar y planear y cuando la figura de él se detuvo, vi que había estado persiguiendo una ilusión y entendí que no había tenido derecho de quitarme la vida.

En una vida posterior, la relación fue renovada. Allí llegó un momento en el que fue necesario para nosotros seguir nuestros caminos separados y el dolor y el desespero se presentaron otra vez. Comencé a creer que nunca podría encontrar alegría en la vida de nuevo y que continuar viviendo sería doloroso. Tomé la decisión de que el dolor se detuviera. En la calma que siguió, en lugar de quitarme la vida, se me ocurrió que nada valía ese precio. Me di cuenta que siempre que dependiera de alguien más para ser una persona plena, yo sería incompleta y cualquier alegría sería frágil y pasajera. Por lo tanto elegí, en esa vida, vivir y dirigir mis energías hacia la vida y no seguir llorando. Y me convertí en una persona plena y encontré que mi vida si tenía un propósito. Obtuve una alegría duradera y un amor que no fue construido sobre la necesidad o la dependencia. Y no volví a sufrir más de esa manera.

Antagonismo entre amistades

Yo había renovado mi amistad con un amigo de vidas pasadas. Había muchos lazos fuertes y él de inmediato se convirtió como en un miembro de mi familia. Exploramos juntos muchos caminos espirituales y psíquicos. Una vez, sin vacilación, respondió a una situación que fácilmente pudo haberle costado la vida, para salvar la mía.

A pesar de esto, habían momentos donde él se encerraba en una concha y exhibía un confuso antagonismo hacia mí. Eso no se extendía a otros miembros de la familia, sólo a mí. Cuando finalmente lo confronté para que me hablara acerca de eso, decía que muy a menudo sentía repentinamente una profunda desconfianza y rabia hacia mí, lo cual no podía explicar. Nosotros acordamos buscar la respuesta a esta situación tan molesta.

Encontramos la respuesta en una vida donde habíamos sido primos varones. Mi padre el jefe de un puñado de nómadas de desierto y mi amigo era el hijo de su hermano preferido. Nosotros fuimos muy cercanos durante la adolescencia, pero a medida que nos hicimos mayores, parecía que él tenía todo lo que mi padre deseaba en un hijo. Yo nunca fui tan bueno en nada como lo era él y aunque mi padre nos apreciaba a ambos, yo tenía la certeza que mi padre lo prefería. Yo me volvía más y más celoso, resentido y temeroso de que él usurpara mi lugar.

Tuve cuidado en ocultar mis sentimientos. Yo esperé la ocasión y un día cuando estábamos muy lejos de los demás, yo lo subyugué, lo amordacé y lo dejé oculto en un barranco para que se muriera. No pude matarlo ahí mismo. Más tarde busqué su esqueleto y me reía a medida que dispersaba sus huesos.

Él había estado confundido por mis acciones. Hasta ese momento, creía que éramos los más cercanos camaradas y no entendía la razón de mi crueldad contra él.

Después que ambos habíamos explorado esa vida y discutido las emociones generadas, discutimos otras vidas más positivas, donde no había habido antagonismo. Nos tomó un tiempo entender lo que había causado que esos viejos sentimientos salieran a la superficie en esta vida. La respuesta estaba en nuestras clases de artes marciales donde a menudo competíamos el uno con el otro. Esto había traído viejos recuerdos de nuestras peleas de adolescencia y las competiciones en esa vida pasada. Después que entendimos y liberamos los sentimientos, su antagonismo desapareció y la confianza fue restaurada.

En otra instancia, dos parejas se encontraron y se hicieron amigos. Sin embargo, después de unos meses, Betty se volvió muy antagónica hacia Nina. No había habido ningún incidente, ni problema de los que Nina fuera consciente. Aún cuando Nina le preguntó directamente, obtuvo la confusa respuesta de que ella no había hecho ni dicho nada para molestar a Betty. Betty sentía un odio creciente hacia Nina y se volvió vengativa y verbalmente abusiva hacia ella. Nina no correspondía a las emociones de Betty. Ella hacia todo lo que se le ocurría para cambiar la situación sin lograr efecto y finalmente decidió que su única alternativa era evitar a Betty. La situación perturbaba a Nina y nunca se le salía de la mente.

Más adelante, durante una regresión, Nina llegó a una vida en la cual Betty y su esposo actual, Charles, también habían sido marido y mujer. Charles se había casado con Betty por su riqueza y su posición social. Charles ya poseía vastas pertenencias y era algo así como un dictador en el área donde vivía. Betty era unos pocos años mayor que Charles, y el nunca dejaba que ella se olvidara de eso. Ellos habían estado casados muchos años y todo iba bien cuando Charles se enamoró de Nina, una joven viuda que tenía un hijo y vivía en las cercanías de la villa. Charles forzó a Nina a ser su amante, manteniendo a su hijo como rehén. Él obligó a Nina a vivir todos juntos y a compartir la mesa. Se ostentaba de la relación y le causaba un gran dolor a Betty. Ella culpaba a Nina y la odiaba. Nina entendió el antagonismo de Betty y sólo sintió compasión por ella.

Mientras que la información de la regresión le ayudó a Nina a entender la animosidad de Betty, Betty prefirió no tener en cuenta eso y continuó alimentando sus sentimientos negativos. Nina sabía que había hecho todo lo que podía y decidió olvidar la situación y continuar con su vida sin sentimientos de culpa.

Un entendimiento lesbiano

Una mujer de edad media me consultó acerca de una relación lesbiana en la cual había estado involucrada como la compañera dominante durante muchos años. Los problemas habían surgido repentinamente en la relación y la mujer estaba teniendo una confusión mental y emocional relacionados con su orientación lesbiana.

Durante una larga regresión, la mujer encontró que había vivido sus últimas vidas como un hombre muy macho. En cada vida ella había estado en una situación cultural en la cual las mujeres eran relegadas a un estatus escasamente humano y se cultivaba y se admiraba todo lo que era fuertemente masculino.

En su vida presente, su padre había sido una persona muy dominante que la había tratado a ella y a su madre como un poco más que sirvientas, mientras que su hermano gozaba de toda consideración.

Ella claramente podía ver como su situación de infancia había arrastrado actividades de vidas pasadas y le había causado querer rechazar su propia feminidad. Nosotros sólo podíamos teorizar lo que había ocasionado su actual insatisfacción consigo misma. Ella expresó el deseo de explorar su feminidad y desarrollar una actitud más balanceada. También expresó la determinación de hacer algunos amigos del sexo masculino con el fin de probarse a sí misma que ellos no eran todos de naturaleza dominante. Ella había evitado el contacto con los hombres tanto como era posible, por el temor a ser dominada y degradada.

Como sucede a menudo, no tuve mayor contacto con ella durante unos años. Un día estaba de compras cuando una mujer muy atractiva se me aproximó. "¿No me reconoce, cierto?" y no lo hice, hasta que ella me dijo su nombre. Ella dijo que había sido difícil y asustadizo, pero se había decidido averiguar lo que era ser una mujer. Había cultivado una apariencia femenina y había empezado a moverse en círculos sociales donde podía encontrarse y conocer tanto hombres como mujeres. Se había dado cuenta que su actitud hacia las mujeres se había afectado, así como sus otras actividades hacia la vida. Ella encontró muchas personas de ambos sexos con las que podía disfrutar y respetar como seres humanos. Empezó a disfrutar completamente el ser una mujer ya que se dio cuenta que eso no quería decir ser débil o servil. Ella había conocido, enamorado y casado con un muy buen hombre. Se sentía muy confortable y feliz en su relación heterosexual.

Esto de ninguna manera es un comentario sobre la comunidad homosexual. Es la historia de lo que pasó y por qué le pasó a un ser humano.

Prejuicio racial

Yo conocí una dama de edad que caracterizaba la típica anglosajona protestante, criada en el Sur de los Estados Unidos. Ella era muy culta y gentil, pero también intolerante y fanática con F mayúscula. Ella nunca se había dado la oportunidad de conocer a ninguna persona de raza negra y sentía angustia de que yo tuviera muchos amigos negros. Para ella, la piel oscura era sinónimo de ignorancia, inferioridad, pobreza y suciedad. El vocabulario que utilizaba sobre ese tema me causaba mucha rabia y perplejidad.

Ya la había conocido durante un buen tiempo cuando expresó el deseo de hacerse una regresión. Ella re-visitó una vida que resultó ser mundana y luego la dirigí a otra. Cuando le dije que mirara a sus pies, en su cara se reflejó la expresión más extraña. Su voz se volvió más lánguida y más lánguida a medida que describía su apariencia en esa vida. Ella era miembro de una pequeña tribu en África y era muy negra. Después de que superó la sorpresa inicial sobre el color de piel, ella empezó a hablar sobre las alegrías, penas y eventos de esa vida. Cuando finalizamos la regresión, ella estaba muy callada y no mostró muchos deseos de discutir acerca de eso. Yo no la presioné porque sabía que ella tenía mucho en qué pensar.

A medida que pasaron las semanas, ella nunca mencionaba la regresión, pero yo noté que ciertos términos derogatorios habían salido de su vocabulario. Yo tenía que hacer un corto viaje de negocios y le pedí a ella que me acompañara.

Ella estuvo muy ansiosa en ir ya que la persona a la que yo iba a ver era algo así como una celebridad. Lo que ninguna de nosotras sabía era que otro amigo estaría presente en esa reunión y que el amigo personificaría todo lo que ella le había tenido miedo y disgustado en el pasado. El era alto, musculoso y muy talentoso, pero mi gentil amigo de mirada profunda tenía la piel muy muy negra y rasgos negroides característicos.

Después de presentarnos, ella quedó sola con él en una sala anexa mientras yo me ocupaba del negocio. Yo estaba algo asombrada y aliviada al echar vistazos y verlos sentados en un pequeño sofá y compartiendo una animada conversación. Más tarde, camino a casa, ella exclamó, "él fue una de las personas más amenas e interesantes que he conocido". Yo la miré y me reí. Ella se sonrojó profundamente y dijo, "yo aprendí algo de esa regresión y hoy aprendí aun más". "Las personas son personas (individuos) y no se pueden hacer juicios con base en la raza".

El otro lado de la moneda

Yo estaba dictando una serie de clases de desarrollo mental fuera de la ciudad a un grupo diverso de personas. En la clase había un hombre negro joven que era bien educado y había viajado bastante. Él estaba muy interesado en lo que yo estaba enseñando, pero era obvio que tenía una actitud un poco negativa. Él no hacia mucho esfuerzo por ocultar su menosprecio por cualquiera cuya piel fuera más clara que la suya y estaba muy determinado a hacer que todos fueran conscientes de su negrura. Durante uno de los descansos él se paró a un lado de un pequeño grupo que se había reunido a mi alrededor para preguntarme acerca de la reencarnación.

Hizo una o dos preguntas. Más adelante preguntó que si podíamos acordar una regresión; ya que iba a salir del país en unos días, yo acepté hacerle la regresión esa noche después de la clase.

"¡Oh Dios mío!" dijo cuando empezamos la regresión, "¡Soy blanco!" el disgusto y la incredulidad eran evidentes en su tono. "Mi piel es blanca", repitió con un estremecimiento. Él no sólo era blanco, era un capataz en una plantación en Alabama antes de la guerra civil y trataba a los esclavos de una manera no muy amable. Fuimos de esa vida a otra en China y luego a otra en la cual no era sólo blanco, sino que también era una mujer.

Cuando lo dirigí de regreso al presente, se paró y empezó a llorar y a sollozar profundamente. Yo sabía que lo que le estaba sucediendo era algo muy saludable. Pronto se encontró sonriendo en medio de sus lágrimas. "Me imagino que realmente me gané la oportunidad de ver las cosas desde una perspectiva oscura, ¿es cierto? Usted sabe, siempre he pensado como negro, pero ahora me doy cuenta que no soy negro, soy yo. Sucede que en esta vida estoy habitando un cuerpo negro y masculino". El se detuvo y pensó un momento, "ah, eso quiere decir que el mundo está poblado por seres que solamente viven en diferentes clases de cuerpos, pero que su esencia no es blanca o negra o roja o masculina o femenina, solamente 'es'". Una cosa más señora, ¿cómo fue que escogió el cuerpo de una "dama sabia" esta vez? Él finalizó con una risa ahogada.

Él tenía razón. Nuestra conciencia, nuestro ser, no es ni masculino ni femenino, ni blanca ni negra o cualquier otro color. Simplemente es y los cuerpos que habitamos son nuestros disfraces para los papeles que desempeñamos durante nuestras apariciones en el escenario del planeta tierra.

El temor a la muerte

Un par de doctores me pidieron que trabajara con uno de sus pacientes. Él estaba desahuciado debido al cáncer. Todavía era capaz de estar fuera del hospital y relativamente libre del dolor, pero el hombre así como los doctores sabían que tenía malos días por delante. Ellos querían que yo le enseñara algunas técnicas para controlar el dolor y de auto-hipnosis, para hacerle las cosas más fáciles. Ellos también esperaban que a través de la enseñanza del control mental de algunos de sus procesos corporales, el progreso de la enfermedad podía retardarse.

Exteriormente el hombre no parecía estar del todo enfermo, pero los doctores me habían dicho en privado, que todo lo que podía hacerse por él ya se había hecho y dentro de unos pocos meses, si sobrevivía todo eso, las cosas iban a empeorar. El hombre fue muy cooperador y aprendió rápidamente las técnicas de control del dolor y de auto-hipnosis. Sin embargo, era evidente que quería algo más de mí, pero vacilaba en pedírmelo.

Yo tenia la esperanza que mi intuición fuera correcta. Respiré profundamente y me lancé a preguntarle: "¿Le gustaría hablar acerca de la muerte?".

"Si, si me gustaría", dijo él con una gran señal de alivio. "A la gente no le gusta hablar de la muerte con alguien que la está muriendo. Todos evitan el tema y se sienten incómodos si se habla de ello. Todo lo que ellos hacen es asegurarme que voy a mejorar cuando todos sabemos que no será así. Yo necesito hablar de eso. Necesito hacer las paces con esa idea. Le tengo miedo a la muerte. Me da rabia con la muerte. No sé que pasará conmigo. Tal vez nadie lo sabe, pero yo necesito hablar acerca de tener miedo".

Él habló por un largo rato y discutimos muchas cosas. Cuando pareció apropiado, traje a la conversación el tema de la reencarnación. Dijo que sabía muy poco al respecto, pero que tendría la mente abierta aún cuando sentía que probablemente estaría en conflicto con sus creencias religiosas.

Le expliqué brevemente la teoría y encontró que no había tanto conflicto como se suponía. Expresó el deseo de experimentar la regresión aunque no estaba seguro de poder creer en la reencarnación. Yo lo regresé a través de varias vidas, prestando atención especial de llevarlo por sus experiencias con la muerte detalladamente y permitiéndole explorar los periodos entre vidas de una manera completa.

Estaba muy apacible y meditativo cuando terminamos. "No puedo explicar como lo sé" dijo él, "pero sé que aquellos fueron recuerdos verdaderos de cosas que he experimentado. Eso me explica mucho acerca de mi vida presente y de mis relaciones. Ya no le tengo miedo a la muerte. Eso es nada. Yo la he experimentado muchas veces y por ahora debo estar listo para enfrentarla. Sólo deseo poder comunicarle algo de esto a mis familiares y amigos, pero ellos son muy escépticos hasta del control del dolor y la auto-hipnosis. Ellos pensarían que me estoy agarrando de nada. No quiero gastar el tiempo que me queda en discusiones teológicas. Es suficiente que yo lo sepa".

El vivió confortablemente mucho tiempo más del que todos esperaban y tuvo una muerte en paz y en su propia cama.

Estas historias deberán darle una idea de la versatilidad y la utilidad de la regresión. Aunque estos ejemplos muestran instancias de problemas entendidos y solucionados, debe recordar que cada persona es diferente y que su gama de información y experiencia también es diferente por lo tanto, regresar y entender la fuente de un problema no es suficiente. La persona o personas involucradas deben estar dispuestas a aceptar sus responsabilidades en cada situación. Si todo lo que usted gana de una regresión que revele la fuente de un problema, es un sentimiento de culpa, o usted y las personas involucradas utilizan la experiencia como una base para culparse mutuamente, entonces la experiencia ha sido mal utilizada y se ha convertido en algo perjudicial para todos. El propósito de la regresión es entender, liberar, perdonar, olvidar y así avanzar hacia una vida más productiva.

Patrones positivos y negativos que se repiten

Una de las razones más importantes de llevar registros fácilmente accesibles de sus regresiones es la de poder detectar patrones de comportamiento positivos y negativos que se repiten. Muchas veces una persona no es consiente de los patrones de comportamiento que funcionan bien y que deberían reforzarse de una forma positiva.

Al revisar la información de vidas pasadas, primero preste atención a sus patrones de éxito y de fracaso. Las situaciones particulares en las cuales usted fue exitoso son menos importantes que las acciones y actitudes que llevaron al éxito. Estudie los tipos de personas con las que usted interactuaba y como era su relación con ellas, sus sentimientos acerca de usted mismo, sus sentimientos acerca de sus proyectos para el éxito, los esfuerzos que usted estaba dispuesto a hacer para triunfar y los esfuerzos que le ocasionaron el éxito de la vida. Esto último es muy importante. Luego estudie sus fallas o fracasos. Trate de determinar por qué falló. ¿Aprendió de sus fallas, o permitió que esos fracasos le impidieran intentarlo de nuevo? ¿Cuáles eran sus sentimientos acerca de usted con respecto al fracaso?

¿Permitió que el fracaso o el éxito cambiará su auto-imagen? Preste atención a sus reacciones emocionales. ¿Qué las ocasionó? ¿Se sintió amenazado o intimidado por tipos de personas o situaciones particulares? ¿Esos mismos patrones, positivos o negativos, continúan repitiéndose en esta vida?

A medida que estudia esta información ¿encuentra patrones de autodestrucción? ¿Hay momentos donde usted hizo todo el esfuerzo necesario para asegurar el éxito y luego, justo antes de la culminación, hizo algo o tomó una decisión que cambió toda la situación desde el éxito hacia el fracaso?

Esto es más común de lo que pueda suponer, ya sea en vidas pasadas o en la actual. Este es el por qué es importante examinar qué efectos ha tenido el éxito en sus vidas. Usted puede encontrar una o más instancias en las cuales el éxito parecía traer una gran responsabilidad adicional la cual usted no quería o cambió las relaciones con las personas importantes o permitió que lo cambiara de una manera que no le gustaba o la vida se volvió aburrida y sin desafíos porque no estableció objetivos adicionales. Si no fue capaz de manejar bien esas situaciones, puede haber empezado un patrón de miedo y rechazo al éxito. Yo he observado repetidamente a individuos que hacen esfuerzos de años para alcanzar un objetivo y que deliberadamente aparecen tomando decisiones en el último momento, que aseguran el fracaso. Si usted puede mirar objetivamente las vidas pasadas y la presente y ver este tipo de patrón y aceptar la responsabilidad, entonces puede cambiarlo.

Haga un esfuerzo para encontrar y entender las vidas en las cuales se originaron cualquiera de los patrones de comportamiento. Las afirmaciones positivas al final de la técnica regresión, le darán una gran ayuda para que descarte las influencias negativas de su vida y refuerce las positivas. Entender el origen es otra herramienta valiosa. Luego determine los cambios que

quiere hacer en sus patrones de comportamiento. Imagínese
en varios escenarios los cuales son apropiados para las circunstancias y reinterprete su papel completamente controlado, actuando de una manera positiva, confiada y exitosa.
Cuando reviva escenas mentales en donde está interpretando
un papel negativo, haga el esfuerzo consciente de reconstruir
ese escenario y cambiar sus acciones hacia un papel positivo.
Luego, cuando esas situaciones ocurran en la vida real, haga
un esfuerzo consciente y deliberado por interpretar el papel
positivo que ha creado en su mente. Usted controla la situación en lugar de permitir que la situación lo controle.

Cree en su mente la imagen de la persona que usted quiere ser. Mire esto como si estuviera creando un personaje
para una obra. Piense en las personas con las que tiene que
ver y que lo hacen sentir torpe o intimidado de alguna
manera. Imagínese sintiéndose confiado y tranquilo en su
presencia. Luego, cuando esa situación ocurra realmente,
interprete el papel que ha creado en su mente. Al principio
puede ser un poco difícil llevarlo a cabo, pero entre más lo
haga, más natural se volverá para usted. Los demás empeza-
rán a reaccionar hacia el nuevo usted y lo tratarán de una
manera más positiva.

Recuerde que el fracaso no es una frustración si se usa como
la piedra angular para el éxito. El éxito no es siempre un
triunfo si no le trae a usted lo que realmente quiere.

Regresión en esta vida

Quizás usted puede pensar que las soluciones a la mayoría
de los problemas en esta vida, se van a encontrar en vidas
pasadas. Realmente, una gran mayoría de los problemas con
los que nos encontramos día a día, tienen su origen en los

años tempranos de esta vida. Siempre es bueno mirar hacia la infancia cuando se tenían problemas específicos, particularmente aquellos que tenían que ver con una pobre auto-imagen. Los niños son extremadamente vulnerables durante sus primeros años, ya que sus patrones de ondas cerebrales dominantes son similares a los producidos en la hipnosis, haciéndolas susceptibles a ser programadas sin la lógica ni funciones de la razón. Dígale a un niño con suficiente frecuencia que él o ella es estúpido y que no puede aprender y aunque él o ella tenga la capacidad para ser un Einstein, va a funcionar muy por debajo del promedio. Su subconsciente ha sido convencido a través de la repetición. La auto-imagen pobre a menudo es el resultado de las cosas irreflexivas que se le dicen a los niños: usted es lento, perezoso, feo, gordo, estúpido, torpe, flaco, no puede hacer nada bien, nunca será un hombre, nunca valdrá nada, débil, histérico, malo, etc. Ellos reciben programaciones similares a partir de los medios de comunicación. En lugar de que el énfasis esté en construir el tipo de carácter y la personalidad deseada, a ellos se les dice que si usan cierta marca de ropa y utilizan ciertas marcas de productos, serán exitosos y amados y todo estará bien en su mundo. ¿Es de extrañarse que haya tanta gente frustrada e infeliz en el mundo, cuando han sido programados subconscientemente para basar su vida en las cosas superficiales?

Para utilizar la técnica de regresión para esta vida, simplemente dirija hacia atrás en esta vida al individuo utilizando los cumpleaños como puntos de referencia y haciéndolo que revise los periodos de tiempo entre cumpleaños para un material significativo. Usualmente los años anteriores a los catorce contendrán el material más significativo, con un énfasis particular en los años del cero al seis.

Si se encuentran situaciones en las cuales ocurrieron programaciones negativas, usted puede decir en ese momento; "esa afirmación fue aceptada por equivocación". Luego, asegúrese de finalizar la sesión con las frases positivas.

Reencuentro familiar

Hace muchos años un hombre de negocios me llamó y pidió una cita para que le hiciera una regresión. No tengo idea donde consiguió mi nombre. Yo nunca lo había conocido antes de ese día, ni tampoco lo volví a ver.

La regresión estaba progresando bien cuando algo empezó a arrastrar mi memoria. El estaba describiendo una vida como una mujer joven que vivía en Holanda en una familia de mujeres. Había muchas hermanas, una madre, una tía y una abuela. Los hombres estaban muy lejos o habían muerto. Él era una de las hermanas. A medida que contó varios eventos, repentinamente me di cuenta que había escuchado esa historia antes desde el punto de vista de una de sus hermanas. Mientras estábamos hablando después de la regresión, eché un vistazo rápido a mis archivos y localicé la trascripción de una regresión que había hecho a una vecina hacia un par de años. Mientras él estaba fuera de la sala, la llamé por teléfono y le pregunté que si podía venir de inmediato.

Unos minutos más tarde ella llegó y cuando se la presenté al hombre, ambos quedaron perplejos. Yo me senté y los escuché durante unos diez minutos mientras ellos trataban de descubrir donde se habían conocido. Ambos tenían la certeza de conocerse entre sí, pero no podían encontrar la situación en la que pudieron haberse visto antes de ese día. Finalmente pasé a cada uno la trascripción de la regresión del otro. El reconocimiento fue instantáneo y yo me senté y fui testigo de la más asombrosa conversación.

En pocos segundos ellos ya estaban intercambiando chismes familiares y riéndose de incidentes de hace siglos como si hubiera ocurrido apenas ayer. Ellos hablaron acerca de los amigos y parientes, de vestidos nuevos, celebraciones familiares y revivieron los chistes que se habían contado. Ellos me hicieron recordar a mis tías en una reunión familiar.

Deben haber hablado durante una hora o más, olvidándose completamente de mi presencia y del hecho que una era una campesina de edad media y el otro un hombre de negocios de la gran ciudad. Por ese pequeño momento ellos fueron dos hermanas holandesas que no se habían visto hace mucho tiempo.

capítulo seis

Finales y comienzos

Después de la muerte

Cuántas veces se ha dicho que uno de los mayores temores de los hombres es el temor a lo desconocido. Cuántas veces la muerte ha sido llamada "lo gran desconocido", pero no es necesario que sea así. Uno de los aspectos más recompensantes de la regresión es la habilidad de explorar las propias experiencias con la muerte. Cuando lo desconocido se vuelve familiar, no hay nada que temer.

A partir de las anteriores regresiones e historias narradas puede parecer que la mayoría de muertes son violentas o traumáticas de alguna manera. Eso no es así. La mayoría de las experiencias de la muerte sobre las cuales he escrito, fueron escogidas para ilustrar algunos eventos traumáticos que habían precipitado influencias que alcanzaban las vidas presentes, pero éstas son un pequeño porcentaje del total de experiencias de la muerte exploradas. En una inmensa mayoría, el número de experiencias de la muerte son pacíficas y bienvenidas al final de la vida. Esto no quiere decir que todas las vidas son relativamente largas. Muchas veces, por alguna razón, la duración de una vida es corta porque puede haber un número limitado de experiencias beneficiosas disponibles dentro de cierto ambiente o periodo de tiempo para la persona involucrada. A partir de estas afirmaciones no se debería asumir ni que el tiempo de la muerte está fijado rígidamente o predestinado, ni que uno no puede morir hasta que su tiempo ha llegado y que cuando llega el momento, no se puede escapar. Si fuera así, entonces todos nuestros esfuerzos para curar las enfermedades o prevenir accidentes o para protegernos de la violencia, serían esfuerzos desperdiciados y sin sentido. El hombre tiene libre albedrío. Esta es su legítima herencia. Si no fuera así, entonces no seríamos más que muñecos cuyos miembros son manipulados por algún poder mayor y sus realizaciones serían vacías y sus errores sin significado. La vida no tendría propósito y podríamos renunciar a todo esto ahora mismo.

¿Qué es la muerte? El hombre es un espíritu ilimitado que habita en casas de carne y sangre con el fin de manifestarse y experimentar un mundo físico. Cuando la casa se vuelve inhabitable a través de una enfermedad, accidente o la edad o el hombre se hace más grande que su casa, entonces se cambia a otros campos de experiencia y deja la casa vacía. La muerte no es más que eso.

La muerte y el nacimiento, de hecho son sinónimos. Cuando usted muere en el mundo físico, usted nace en los campos del mundo no físico. Cuando usted nace en el mundo físico, muere para la existencia no física. La muerte y el nacimiento son simplemente cambios en su esfera de actividad. Así como el gran espíritu ilimitado es inmortal, así lo es usted que fue creado a partir de su esencia y a su imagen.

Con el fin de explorar las experiencias de la muerte durante el curso de una regresión, después que la vida ha sido explorada, dirija al individuo de la siguiente manera:

Vaya al momento en el cual es el día antes de su muerte. Sólo tomará un momento. Dígame tan pronto como esté allí. Esto simplemente es un ejercicio de recordar. No hay razón para que sienta miedo, dolor, pena o aprehensión en ningún nivel. (Pausa para la respuesta).

Mentalmente mire a través de sus ojos y escuche a través de sus oídos. ¿Dónde está y que está haciendo? ¿Aproximadamente que edad tiene? ¿Cuál es su estado de salud?

Mirando atrás en su vida, ¿hay algún evento que recuerde y que le gustaría mencionar, el cual no se recordó previamente?

¿Cómo se siente usted con su vida? ¿Logró lo que intentaba con esta vida?

(Dependiendo de las respuestas, usted puede querer explorar de una manera más completa).

Haga cualquier pregunta adicional que parezca apropiada, dependiendo de las circunstancias descubiertas. Luego:

Ahora, sin experimentar ningún dolor, pena, temor o aprehensión, pase a través de la experiencia de su

*muerte y llegue al día después de su muerte. Sólo
tomará un momento. Dígame cuando esté allí. Esto es
simplemente un ejercicio de recordar. ¿Está consciente de estar muerto? ¿Cómo murió? ¿Cómo se siente
estando muerto?*

La mayoría de las personas, aunque no todas, son conscientes de que están muertas y no se sorprenden por la continua-
ción de su conciencia. Ocasionalmente, cuando la muerte ha
ocurrido de una manera repentina o inesperada por un accidente o violencia, el individuo puede no ser consciente del
cambio. El cambio de conciencia entre la vida y la muerte es
tan mínimo que la única diferencia es más o menos una sensación de libertad o de no estar limitado por un cuerpo físico.
La persona hasta puede intentar llevar a cabo acciones físicas
o comunicarse con individuos en la vecindad y sentirse frus-
trado y confundido por la falta de respuesta. Si esta situación
ha ocurrido en la experiencia de la muerte que se está inves-
tigando, dé las siguientes instrucciones:

Llegue al punto cuando es consciente que está muerto.

Luego:

*¿Qué ha causado que ahora tenga conciencia de que
está muerto?*

Para aquellos que son inmediatamente conscientes de sus
muertes, los cuales son la mayoría, usted encontrará que la
conciencia del individuo a menudo permanece rondando
para observar las acciones de familiares y amigos. Es común
que un individuo observe su propio funeral. Hay un sentimiento algo aislado, aunque puede haber preocupación o algo
de pena por el excesivo dolor mostrado por los vivos. Sin
embargo, yo no puedo recordar ni una instancia en todas las

regresiones que he presenciado, donde el individuo que está siendo regresado haya exhibido alguna pena durante la experiencia de la muerte o con la idea de estar muerto. Aunque pueda parecer muy extraño, el periodo inmediatamente después de la muerte proporciona algunos momentos extremadamente cómicos debido a las observaciones y comentarios del "fallecido".

Después que el individuo ha pasado por la experiencia de la muerte, dele la siguiente instrucción:

> *Vaya a un punto en el tiempo a más o menos seis semanas después de su muerte. Sólo tomará un momento. Dígame tan pronto como esté allí. ¿Dónde está y que está haciendo?*

En este punto probablemente habrá pocos impulsos sensoriales. Las personas usualmente describen un sentimiento de solamente "ser". No hay sensaciones de calor o frío, ni sonidos y usualmente no hay sensaciones visuales. El sentimiento que se describe más a menudo es el de sentirse seguro y muy contento. Este parece ser un periodo de descanso y recuperación de la vida en la tierra. Ocasionalmente, puede haber una vaga conciencia de otros en un estado similar. Sin embargo, aun cuando no hay conciencia del exterior, nadie ha expresado un sentimiento de soledad.

Ahora los espacios de tiempo no tienen significado, ya que el tiempo como lo conocemos, no existe. El tiempo es un concepto creado para la conveniencia del hombre físico.

En algún momento el individuo emergerá del periodo de descanso para emprender una evaluación de la vida previa y para examinar en forma global sus vidas pasadas. Este es un periodo de auto-juicio en el cual la persona verdaderamente se encuentra a sí misma y examina sus acciones y las motivaciones detrás de sus acciones y empieza a formarse una idea de lo que necesita experimentar en las futuras vidas. Esta a menudo es una experiencia profunda porque no se permiten ilusiones. Es la diferencia entre mirarnos en un espejo y ver lo que queremos ver y ser capaces de ignorar lo que no nos importa reconocer y mirar una fotografía sin retocar donde se revela cada imperfección, cada defecto y cada arruga. La persona que revive este episodio puede no querer decir verbalmente los detalles, pero sería valioso hacer un registro escrito privado para estudiarlo después. Esta no necesariamente es una experiencia desagradable. A medida que le adiciona cosas de cada acción y motivación y las influencias se ponen en movimiento, usted puede estar placenteramente sorprendido de encontrar que tan a menudo el balance se inclina hacia el lado positivo. Para dirigir a un individuo hacia esta experiencia diga:

Ahora vaya al periodo en el cual usted empieza la evaluación de su vida pasada.

La secuencia no siempre es consistente, pero a menudo después de la auto-evaluación, el individuo enseguida se encontrará comprometido en una experiencia de aprendizaje. Esta puede tomar la forma de situación grupal o individual o de un escenario que se instala para que él lo "viva" y entienda una verdad o concepto en particular. (El escenario que yo experimenté después de mi suicidio descrito en un capítulo anterior, es un buen ejemplo). En algún momento antes o después de este periodo, se comienzan a crear las características generales que identificarán la próxima vida: raza, estatus social, condiciones económicas, atmósfera espiritual, posible profesión, tipo de padres, etc. Las cosas específicas se adicionan más tarde. En ese punto no es necesario explorar este aspecto. El momento para eso es más adelante cuando se completa la imagen final.

Ya que el hombre tiene libre albedrío, dentro o fuera de un cuerpo físico, algunas veces se hacen elecciones no muy sabias. Sólo en circunstancias muy raras y extremas parece que hay guías o sugerencias de fuentes externas. A veces el remordimiento o el gran entusiasmo harán que un alma emprenda circunstancias y situaciones que son irreales para sus expectativas. Algunas veces somos como un ama de casa que planea pintar, decorar su casa y preparar una comida para una gran fiesta, todo en un día. En algún lugar puede haber algún individuo que podría llevar a cabo esto de una manera exitosa, pero es más que probable que el ama de casa va a terminar exhausta, frustrada y en la mitad de un tremendo enredijo sin terminar. Las personas pueden escoger tales circunstancias para una vida y sobrecargarse tanto en lo que quieren realizar que finalizan abrumados o en un embrollo desesperanzador frustrados por no haber alcanzado el éxito deseado. A menudo no se planea ninguna flexibilidad y no se incluye la libre voluntad de los demás y las elecciones que ellos pueden hacer, las cuales afectarán la vida del individuo.

Por otro lado, algunos pueden escoger vivir circunstancias que proporcionan tranquilidad y comodidad y poco cambio. Este tipo de vida puede ser tan superficial y vacía como el otro extremo.

Un alma no está limitada a estas características, aun después del nacimiento. Las elecciones poco sabias pueden ser cambiadas y las direcciones de la vida pueden ser alteradas. Algunas veces el entendimiento de los principios involucrados hace innecesario continuar un curso particular de las acciones. El conocimiento puede traer entendimiento que puede cambiar la forma de ver de la persona. Por ejemplo, una persona puede llegar al entendimiento que él o ella está continuamente involucrada en ciclos de infelicidad o sufrimiento, habiendo escogido erróneamente eso como un método de penalización kármica por acciones pasadas. Aceptando que el karma intenta enseñar más que castigar y que se desea un enfoque más positivo y productivo, una persona puede mentalmente rechazar otro ciclo como ese y rehusarse a tomar decisiones y a iniciar las acciones que perpetúan los ciclos. Entonces una persona deliberadamente puede escoger un curso positivo de acciones para satisfacer las necesidades de la situación.

En ocasiones cuando reconozco el comienzo de tal ciclo o la repetición de un ciclo que ya he aprendido, repito mentalmente: "Yo no elijo participar en este ciclo. El no tiene ningún beneficio positivo para mí. Yo elijo ir hacia delante hacia algo más", lo cual es suficiente para cambiar la secuencia de los eventos.

Debido a que cada uno de nosotros es diferente y tiene que ver con una amplia variedad de experiencias, es difícil hablar de manera específica. La mejor forma de manejar esta información de acuerdo a su situación específica, hacia el final de la regresión o después de la exploración de la experiencia de la muerte, es dirigir a la persona que se le está haciendo la regresión de la siguiente manera:

> *Ahora vaya al punto donde usted eligió sus padres para esta vida presente como* _____ *(nombre presente). Sólo tomará un momento. Dígame tan pronto como esté allí. ¿En qué momento escogió a estas personas para que fueran sus padres?*

La respuesta variará ampliamente. Algunas veces la elección se hace antes de que los padres se conozcan el uno al otro. Otras veces la elección no se hace hasta que se ha dado el embarazo. Esto varía de persona a persona. A veces se obtiene información que sólo era conocida por los padres y puede verificarse con ellos, si están abiertos a este tipo de información: conversaciones privadas, un vestido favorito, una corbata preferida, las circunstancias de su primer encuentro, etc. Luego continúe:

¿Por qué escogió a estas dos personas para que fueran sus padres? ¿Qué lecciones esperaba aprender a partir del ambiente particular que ellos podían ofrecerle?

La persona puede o no elegir responder estas preguntas en voz alta.

Ahora usted tiene conocimiento de todas las características que creó para esta vida. Examínelas hasta que haya fijado firmemente en su mente lo que quería realizar en esta vida. Usted puede decir verbalmente la información si así lo elige, pero dígame cuando tenga la información fijada en su mente.

Cuando el individuo haya indicado que ha terminado de revisar esta información, diga:

Usted puede retornar a este punto de conciencia en cualquier momento que desee información adicional.

Luego continúe y termine la sesión de la misma manera que se hace en la técnica estándar de regresión.

Esta información puede ser un valioso discernimiento para su vida. Usted puede encontrar que ya ha realizado la mayor parte de lo que intentaba y por lo tanto está libre de establecer un nuevo conjunto de objetivos. Tal vez encontrará respuestas a algunas frustraciones en su vida. De pronto se ha desviado de sus objetivos y esto ha causado confusiones en su mente que lo mantienen apartado de estar realmente satisfecho con su dirección. Si esto es verdad, entonces es tiempo de hacerse a sí mismo algunas preguntas. ¿La desviación lo ha llevado por una dirección positiva y productiva? ¿La desviación fue su propia voluntad o el resultado de las acciones de otros sobre los cuales no tenía control? Usted puede encontrar que otros hicieron elecciones y cambios entre el tiempo en que escogió sus padres y el momento de su nacimiento o aun en momentos más tarde, los cuales cambiaron las circunstancias de su ambiente de una manera tan radical, que usted encontrará necesario realizar un nuevo y completo "plan de vuelo".

Si la dirección de su vida es benéfica a pesar de la desviación o si fue un asunto básicamente más allá de su control, afirme mentalmente que está dejando atrás sus características originales para seguir un curso de las acciones que es más apropiado para usted en este momento. Encontrará que este desprendimiento mental, liberará muchas, sino todas aquellas frustraciones semi-subconscientes que lo hacen sentir que no está haciendo lo que quería realizar con su vida.

Por otro lado, si encuentra que se ha desviado de su plan inicial por una razón no muy buena y no está teniendo un progreso sólido y real en su crecimiento espiritual, examine las características iniciales y a su vida y vea qué cambios necesita para volver a su objetivo. Pueden haber acuerdos que usted tiene que asumir. Puede no ser realista tratar de seguir en forma estricta el plan inicial. Una evaluación balanceada de la situación le mostrará que no es un asunto de lo que usted hace (en cuanto a sus pasatiempos o profesión), sino de cómo lo hace. Sus actividades en su enfoque de la vida a menudo harán la diferencia en qué tanto está en armonía con su plan inicial. Cultivar la tolerancia, la honradez y la amabilidad, demanda lo mejor de usted y de los demás. Aprenda a ensayar el éxito en su mente. Nada se torna en realidad sin haber sido creado primero en la mente. Pocas personas se dan cuenta de que tan a menudo repiten el fracaso en sus mentes, trayéndolo así a su ser. Establezca el hábito de imaginarse teniendo éxito en todo lo que se propone hacer. Mantenga su imagen actuando y reaccionando con las cualidades de carácter que usted desea. Los cambios no suceden de la noche a la mañana, pero pronto encontrará que lo que le tomó un esfuerzo consciente, se ha convertido en una reacción natural.

Un caso particular

El siguiente es un ejemplo sobre la información recolectada durante la exploración del plan inicial.

Q: Ahora vaya adelante en el tiempo al momento en el cual usted escogió sus padres para esta vida presente como _____ (nombre presente). Sólo tomará un momento. Dígame tan pronto como esté allí.

A: Listo. Ya estoy allí.

Q: ¿En qué momento escogió a las personas para que fueran sus padres? ¿Ellas ya se conocían entre sí?

A: No, (sonrisas) esto es fabuloso. Ellos siempre me hicieron creer que se conocieron en la iglesia, pero veo que se conocían en un baile. Ambos crecieron en familias donde era prohibido el baile y ellos nunca me permitieron bailar. Por lo que veo, parece que papá a menudo se escapaba a bailes y películas. Mamá sólo fue a un baile con algunas amigas y así fue como conoció a papá. Ellos se gustaron inmediatamente e hicieron los arreglos para encontrarse "apropiadamente" en la iglesia. Él tenía 19 y ella 17 años. Duraron seis meses antes de casarse. Yo nací dos años después.

Q: ¿Por qué escogió a esas dos personas como sus padres? ¿Qué lecciones esperaba aprender a partir del ambiente particular que ellos podían ofrecerle? Usted puede escoger responder o no estas preguntas en voz alta.

A: Estas dos personas estaban física y mentalmente saludables. Tenían caracteres fuertes y podían ofrecer una combinación inusual de un antecedente orientado de una manera completa y fundamentalmente religiosa, dentro de un ambiente el cual motivaba a la curiosidad intelectual.

Q: ¿Había conocido a estas dos personas en una vida pasada?

A: Hasta donde lo puedo determinar, no.

Q: En este momento, usted tiene acceso a su plan inicial que creó para esta vida presente. Examínelo hasta que haya fijado firmemente en su mente lo que usted quería realizar en esta vida. Puede decirlo verbalmente o no. Sólo dígame cuando tenga la información fijada en su mente.

A: Esto es asombroso. Veo un cuadro completo, como se ajustan los rumbos y eventos de mi vida dentro de un patrón lógico para ayudarme a llegar a los objetivos que establecí en mi plan. Nunca antes había pensado en mi vida como algo que tiene un plan o patrón general, pero ahora es claro. Yo la veo o la conozco, como un todo, pero trataré de separar las partes.

Mis padres y el ambiente de la casa eran necesarios para proporcionar un cuerpo y mente saludables para una vida más bien larga. Yo establecí los objetivos de aprender a ser de mente abierta y tolerante, desarrollar una auto-confianza fuerte y entender el panorama de la responsabilidad personal. La auto-disciplina había sido un problema en algunas vidas pasadas y también necesitaba aprender a aceptarme a mi mismo y al derecho de aventurar en cualquier área de aprendizaje y desarrollo que deseara.

Veamos si puedo ordenar esto. Trataré de analizarlo punto por punto, aun cuando las áreas que se mezclan. Mente abierta y tolerancia: yo he sido intolerante y fanático religioso en más de una vida, aunque no viviendo realmente en lo que yo profesaba que era la verdad. El fanatismo estaba acompañado por una mente cerrada y muy rígida, en la mayoría de las áreas de la vida. Aunque el entrenamiento religioso era importante desde el punto de vista de tener una buena base en el conocimiento bíblico y de desarrollar un fuerte sentido de lo bueno y lo malo, era esencial el ambiente que me impulsaba a cuestionar, a explorar y a escudriñar dentro de áreas más amplias de conocimiento. A medida que exploraba y experimentaba en varias áreas, era llevado hacia el aprendizaje de religiones del mundo, el pasado y el presente y hacia un entendimiento del "espíritu de la ley" en balance con la "letra de la ley". No estoy seguro en que punto me di cuenta que hay una ley universal que gobierna al hombre y que tiene muy poco que ver con la religión organizada, pero que le da al hombre un panorama casi ilimitado de esfuerzo y realización. No estoy seguro si alguna vez he tratado de colocar esto en palabras antes y es difícil de decir exactamente lo que significa.

Q: Sólo tómese su tiempo. Lo importante es que usted entienda.

A: Lo que quiero decir, eso creo, es que el hombre es mucho más libre de lo que él se permite ser. El alma del hombre viene de Dios y está en su viaje de regreso hacia Dios. De eso se trata todo. Pero en algún lugar en el proceso, los hombres empezaron a elaborar un puñado de reglas y restricciones acerca de cómo hacer el viaje y todas esas diferentes religiones llegaron a ser lo que realmente niega y restringe la naturaleza mística y espiritual del hombre.

Esto es parte de lo que yo tenía que buscar y entender por mí mismo y me imagino que todavía estoy en el proceso de aceptación en varios niveles. No siento la necesidad de forzar mis puntos de vista sobre los demás, pero algunas veces todavía tengo que pelear contra un sentimiento de intolerancia y superioridad. Veo que todavía tengo mucho que aprender aun cuando ya no soy un fanático en el verdadero sentido de la palabra.

Q: ¿Cómo lo ha ayudado esto en cuanto a sus otros objetivos?

A: Bueno, me ha ayudado a desarrollar la auto-confianza. He aprendido a escuchar a la parte interior de mí mismo, lo cual parece saber cuando algo es verdadero y he aprendido a respetar mis propias habilidades mentales. No tengo ningún título universitario, pero me he probado a mí mismo que puedo aprender y dominar cualquier cosa que me proponga en mi mente. He aprendido a no dejar que las críticas y las burlas de los demás destruyan mi autoestima o debiliten mi coraje para sostener mis convicciones. Algunas veces esa ha sido una batalla dolorosa en esta vida. La elección muy a menudo parece estar entre lastimar a aquellos que más amo o serle fiel a lo que mi ser interior dice que es correcto. No estoy seguro si siempre estaré o aún si quiero estar, completamente confortable con eso. Voy a tener que pensar algo acerca de ese punto, en particular. Veo que eso me lleva hacia otra parte de mi plan inicial: entender y aceptar los límites de la responsabilidad personal y aprender a no sentirme culpable cuando no pueda hacer feliz a todo el mundo o resolver los problemas ajenos.

Esto está un poco fuera del tema, pero no totalmente. Veo en mi plan que he proyectado originalmente ser un doctor en esta vida. Eso es interesante. Empecé en esa dirección con mi educación, pero cuando se abrieron otras puertas, la abandoné e hice algo totalmente diferente. En cuanto a mi familia se refiere, ellos me critican mucho esa decisión y siempre me ha hecho sentir un poco culpable. Pero veo que ser un doctor no era la mejor elección para crecer en mi plan original. En algún momento, mi subconsciente debió haberse dado cuenta que esa no era la mejor ruta para tomar. Es divertido ver como eso me ha reprimido todos estos años. Es un alivio saber realmente que he tomado la decisión correcta, a pesar que casi nadie pensara que así fuera.

Ahora puedo ver que si hubiera sido un doctor hubiera reforzado el lado negativo de la tendencia que tenía a sentirme responsable por todo el mundo. Sólo me hubiera hundido más y más profundo en eso. La forma como actuaba permitía a los demás que me influenciaran hacia la idea falsa de la responsabilidad personal. Yo me involucré profundamente en empresas caritativas las cuales me descuidaban a mí, a mi esposa y a mis hijos. Usted sabe la filosofía: no debería hacer nada para sí mismo, siempre debería ser para los demás. Yo trataba de resolver los problemas de todos antes que los míos y me sentía responsable por las acciones y decisiones de los que me rodeaban. Sentía como si fuera una falla de mi parte cuando los otros se equivocaban. Pasé muchas noches en vela, preocupándome, lastimándome y sintiéndome culpable porque no podía hacer que los demás dejaran de hacer cosas que les causaba su propia infelicidad. Y, sin importar que tan ocupado estaba, yo nunca podía decir no. Me sentía culpable y egoísta cuando quería decir no. Esa fue una lección muy difícil que tuve que aprender. Llegué casi hasta el punto de poner en peligro mi salud y a mi matrimonio antes de rebelarme y dejar todo por un momento. Estuve pensando y estudiando mucho y gradualmente llegué a darme cuenta que sólo soy responsable por mi y mis acciones. Si podía ayudar a alguien a aprender como solucionar sus propios problemas, eso era la verdadera ayuda. Yo podía compartir cosas que había aprendido, pero no era responsable si los demás utilizaban o no esa información. Mi primera responsabilidad era yo mismo: aprender a resolver mis propios problemas y prestarle atención a mi crecimiento personal. Y, no era responsable si al vivir fiel a los principios y valores en los que creía, le causaba infelicidad a algunos de los que estaban a mi alrededor porque mis creencias diferían de las de ellos y yo no "pertenecía a su iglesia".

Puedo ver que he realizado mucho de lo que está en mi plan inicial, aun cuando no sabía que tenía uno hasta ahora. Hay muchas cosas más que necesito hacer en esas mismas áreas y necesito concentrar más la atención a la auto-disciplina. Hay más en el plan inicial que necesito mirar y aprender y necesito pensar en lo que he visto y a donde voy, pero estoy cansado. ¿Es posible regresar aquí de nuevo más adelante?

Q: Claro. Usted puede retornar a este punto de conciencia en cualquier momento que desee información adicional. Sólo relájese y dirija su mente a su plan inicial. En un momento contaré del 1 al 5 ...

A menudo me preguntan si hay un cierto periodo de tiempo que deba pasar entre vidas. No parece haber una cantidad de tiempo estándar entre encarnaciones. Algunas veces transcurren siglos entre vidas, algunas veces son sólo meses. Yo creo que hay muchos factores involucrados. Algunas veces hay un alma que debe esperar a que ocurran las circunstancias correctas o una situación en particular. Si la persona murió prematuramente dejando cosas sin hacer, las cuales eran muy importantes, entonces es probable que el tiempo entre encarnaciones sea corto. Si la vida anterior fue particularmente difícil o desagradable o dejó alguna cicatriz traumática en el alma, entonces el alma puede ser reacia a reencarnar. Creo que éstas explican algunas de las muertes de recién nacidos o niños que no han nacido, los cuales ocurren sin ninguna razón física discernible. El alma entra en pánico y se regresa.

En otras situaciones, en la guerra por ejemplo, donde la muerte ocurre en defensa de un país o un ideal que es muy importante para la persona, el alma puede retornar rápidamente en su esfuerzo por continuar en esa situación. Otras pueden regresar rápidamente en un esfuerzo por detener tales ocurrencias. Algunos de los jóvenes protestantes de los finales de los 60 y 70 a los que les hice la regresión, eran víctimas de la Segunda Guerra Mundial y de Corea. Otros de ese tiempo habían regresado ansiosos para retornar a la milicia. Una pareja militante en contra de la expansión nuclear fueron víctimas de Hiroshima y Nagasaki. Existen muchos patrones como esos que deben ser observados. Aunque puede que uno no esté de acuerdo con un particular movimiento o filosofía o en la manera como se lleva a cabo, tal conocimiento puede hacerlo a uno más tolerante y comprensivo de las motivaciones que tienen aquellos individuos.

Como puede ver, la exploración de la muerte y lo que ocurre después, puede ser tan excitante e informativo como las investigaciones de las vidas pasadas.

El origen del hombre

Yo no puedo responder la pregunta de por qué el espíritu ilimitado eligió crear al hombre. Pero la elección se hizo y lo hecho hecho está y es posible que usted recuerde aquel primer momento cuando se lo dio la conciencia del "yo existo", "yo soy".

Después que haya experimentado lo suficiente con la regresión para estar confortable y familiarizado con la técnica, en lugar de pasar a una vida pasada.

> *Usted retornará al punto de su origen como una conciencia individual, al tiempo cuando el espíritu ilimitado lo separó a usted de él mismo y le dio la conciencia de su propia existencia individual. Cuando llegue a ese punto, usted escuchará las instrucciones que le fueron dadas.*

Usted puede desear experimentar esto por sí mismo antes de leer el resto de este capítulo.

Parece que nosotros, como almas, fuimos enviados a través del Universo para explorar, descubrir y entender no sólo toda la creación sino muestra propia naturaleza. Algunos completaron su misión y regresaron a su origen. Otros nos olvidamos por qué estamos aquí, qué somos y de dónde vinimos (y permanecemos aquí tratando de encontrar nuestro camino de regreso).

Como espíritus ilimitados, parece que fuimos absorbidos por el viaje a través del universo y muchos nos sentimos intrigados por las criaturas físicas que observamos. Vimos que ellos experimentaban sensaciones (calor, frío, hambre, dolor, sexo, etc.) las cuales nosotros, sin tener cuerpos físicos, no podíamos imaginar. Teniendo libre voluntad, encontramos que podíamos proyectarnos en esas criaturas y experimentar lo que ellas sienten. Algunas almas estuvieron satisfechas al experimentar y siguieron su camino. Otras se dejaron atrapar por las sensaciones físicas y no pudieron o no quisieron separarse de dicha existencia.

Luego, el espíritu ilimitado tuvo piedad de sus voluntariosos hijos y creó los cuerpos humanos, femenino y masculino, como los vehículos más apropiados para el alma, dándoles la oportunidad de un panorama más amplio de experiencia.

Es común para aquellos que recuerden el momento de su creación, narrar la experiencia descrita aquí, en las palabras de un individuo:

> *Estaba parado en los más externos límites del universo. Yo podía ver toda la creación extendida enfrente de mi. Me sentía muy insignificante en esta vasta creación. Experimenté una sensación profunda y abrumadora de estar solo (aunque no lo estaba). Entonces entendí que era parte del todo. Esta creación sin límites era parte de mí y sin la pequeña célula que conocía como "yo", ésta estaría incompleta.*

Yo creo que todos nosotros, en un momento u otro, recordamos ese primer momento de profunda soledad, pero rara vez entendemos lo que es. Aquellos momentos cuando sentimos tal soledad y nostalgia intensa por algo o por alguien que no podemos definir, son ecos del instante en el cual experimentamos por primera vez la separación de nuestro creador y nos volvimos conscientes de nuestra individualidad: un alma en nostalgia por su origen.

Nosotros experimentamos esta nostalgia consciente o inconsciente en diferentes grados a través de nuestras muchas vidas.

El grado en el cual nos sentimos separados de nuestra fuente de origen está determinado por el grado en el cual estamos fuera de contacto con nuestro ser interior, el cual es parte de esa fuente. Yo creo que nuestras acciones en el mundo físico son espejos del grado de separación que sentimos. Hay individuos que persiguen frenéticamente la realización en una gran variedad de maneras pero nunca parecen encontrarlas. Ellos se desenvuelven en el mundo de los negocios buscando un éxito que nunca parece satisfacer un hambre interior muy confusa. Otras se unen a una persona después de otra, esperando encontrar la relación perfecta que les hará sentir completas, pero siempre están decepcionadas y usualmente culpan a la otra persona por no ser la indicada. Las vidas están llenas de gente, ruido, actividades, alcohol, drogas, sexo casual y adquisiciones materiales en un esfuerzo por llenar el vacío.

Entre más frenética y determinante se persiga la realización de esta forma, más se elevan las barreras entre la persona misma y lo que está buscando. Cuando la mente está constantemente ocupada, el individuo pierde la oportunidad de aprender cómo estar en paz consigo mismo y sus pensamientos y de abrir los caminos de la mente para hacer contacto con su ser real, el cual es una parte de la fuente.

La regresión a vidas pasadas no sólo tienen el potencial para permitirle al individuo recordar las experiencias pasadas y por lo tanto conocer mejor a sí mismo y desarrollar una perspectiva más balanceada de la vida, sino que abre el acceso a aquellos niveles más profundos de la mente donde tiene lugar la comunicación con nuestros seres espirituales y ayuda a desarrollar el hábito de la introspección en esos niveles. Es a través de este acceso que podemos entender qué y quiénes somos y recuperar esa conciencia de ser parte del todo. Ese camino trae una profunda sensación de felicidad y realización.

capítulo siete

Abriendo dos puertas

La regresión a vidas pasadas es una valiosa herramienta para terapia, ya sea para beneficio personal o profesional en su trabajo de ayudar al prójimo. No es necesario creer en la teoría de la reencarnación para que la experiencia de la regresión sea una terapia válida y valiosa.

Dándole la oportunidad, la mente buscará soluciones a los problemas. Si usted elige creer que recordar vidas pasadas es sólo un ejercicio de una imaginación vívida, por lo menos esas experiencias de regresión entregan el discernimiento individual de las relaciones, causas (ya sean reales o imaginadas) de los problemas, traumas, temores y fobias que pueden usarse para aliviar dichos problemas.

La experiencia de regresión mejora la conciencia social, genera tolerancia y entendimiento hacia otras culturas, razas y sexo opuesto y ayuda al individuo a convertirse en una persona más equilibrada y completa. Ésta abre la puerta al entendimiento y a la aceptación de la responsabilidad personal y ayuda a los individuos a librarse por sí mismos de sentimientos de culpa innecesarios y poco saludables. Las relaciones personales se benefician y se puede ganar un discernimiento profundo sobre la propia naturaleza de uno como individuo.

La experiencia de regresión le permite a los individuos escudriñar dentro de los potenciales de sus propias mentes y abarcan información, valores y entendimiento en los niveles prácticos y espirituales.

Como técnica terapéutica no es diferente de las técnicas que a menudo se utilizan para precipitar el entendimiento de una persona hacia si misma y hacia los demás. Sin embargo, en el caso de la regresión, la persona escoge por sí misma el papel o la situación a recordar, la cual se ajusta a las necesidades del momento. Ya que esto ocurre a los más profundos niveles alfa de la mente, el rechazo de culpa, temor y sentimientos negativos y el realce de actitudes positivas tienen un efecto muy real e inmediato.

Otro aspecto importante de este tipo de terapia de regresión es que el individuo involucrado está inmediatamente en la posición de tomar la responsabilidad de sí mismo más que desarrollar una dependencia del terapista.

La experiencia de regresión le brinda al individuo un camino saludable para mitigar la ira, la frustración y el estrés, los cuales contribuyen al malestar mental, espiritual y físico. Con los cambios de actitud y de perspectiva de la vida que usualmente se generan por la experiencia de regresión, el individuo a menudo encuentra que hay menos situaciones en el futuro que inician la ira y la frustración y que causan estrés. Un individuo se vuelve más relajado en su enfoque hacia la vida y por lo tanto tiene un estado mental y emocional más saludable los cuales promueven un cuerpo más saludable.

Las regresiones a vidas pasadas y a esta misma vida son herramientas importantes para la terapia con o sin acepta-ción de la reencarnación. Cuando las respuestas a los problemas no se pueden encontrar en la presente vida o la información descubierta no parece tener la respuesta completa, el uso de la regresión a vidas pasadas abre una puerta a las infinitas posibilidades para encontrar información sólida y beneficiosa.

Un buen número de psiquiatras, psicólogos y terapeutas que utilizan la hipnosis convencional para la regresión a temprana edad en búsqueda de los factores causales de los problemas, se han encontrado en la extraña situación de dirigir a un paciente a "regresar a la fuente de su problema" y presenciando que el paciente regresa a una vida pasada cuando ni siquiera había considerado la posibilidad de la reencarnación.

Aquellos que continúan descartando la posibilidad de la reencarnación después de una experiencia como esa, a menudo ofrecen la explicación que si una situación en la vida presente es particularmente dolorosa, embarazosa o que causa pena, puede ser más fácil para el individuo empezar con ella, apartándose a tal grado que utiliza el disfraz de una vida pasada.

Cualquiera sea la explicación que uno elija, la experiencia de regresión a vidas pasadas a menudo engendra el coraje de entender y enfrentar los problemas que de otra forma podrían ser evitados. Si esto trae resultados positivos con un individuo más feliz, más saludable y más productivo al final, entonces parece un trágico desperdicio no utilizar la regresión a vidas pasadas como una herramienta terapéutica cualquiera que sea la creencia acerca de la reencarnación.

Hay muchas áreas en las cuales se ha hecho muy poco o ningún trabajo para explorar las aplicaciones prácticas de la regresión a vidas pasadas. El futuro tiene posibilidades excitantes para aquellos con suficiente perspicacia y coraje para emprender dicha investigación.

Considerando los resultados positivos que se han obtenido al utilizar la regresión a vidas pasadas para explorar y entender las causas subyacentes de la adicción al alcohol, las drogas en algunos individuos, yo creo que la regresión a vidas pasadas tiene el potencial para ser una valiosa herramienta en el entendimiento de los factores que contribuyen al comportamiento potencialmente adictivo.

Aunque se ha hecho muy poco trabajo en esta área, un porcentaje significativo de individuos adictos han encontrado alivio permanente a través de la regresión, lo cual es un valioso campo para investigar.

Yo creo que no es suficiente que un individuo desarrolle el auto control para evitar el uso de drogas y el alcohol cuando hay factores destructivos en su vida. Una persona tiene el derecho al acceso a los métodos que encuentren y eliminen los factores psicológicos que causan la ansiedad. Dicha ayuda no debería negársele a nadie sobre la base de diferencias filosóficas o prejuicios religiosos o científicos.

El uso de la regresión a vidas pasadas ofrece una puerta abierta a la posibilidad de la compresión y eliminación de las causas de muchas de las enfermedades que plagan la sociedad. Por ejemplo, si se pudiera recolectar una cantidad sustancial y fundamental de información que tuviera que ver con los factores subyacentes de las vidas pasadas los cuales causan que algunos individuos cometan actos de violencia, mientras otros con los mismos antecedentes en la presente vida y empujados a las mismas situaciones no lo hacen, existe una fuerte posibilidad que los individuos potencialmente violentos podrían ser reconocidos temprano en la vida y "eliminados" a través de la regresión a vidas pasadas. Sin embargo nunca se debe permitir que los factores de las vidas pasadas se conviertan en una excusa para evadir la responsabilidad en dichas situaciones. Cada uno de nosotros somos responsables de nuestras acciones y debemos aceptar las consecuencias de esas acciones. La respuesta es la prevención.

Ya que la estructura psicológica de un individuo juega un papel significativo en las enfermedades y accidentes, parecería que aquí también hay un lugar para el uso de la regresión a vidas pasadas. Ciertamente, las posibles influencias de vidas pasadas involucradas en las actividades hacia la comida que causa los problemas de sobre peso y bajo peso, son una valiosa investigación. También han habido algunos casos donde se han datado los orígenes de alergias de situaciones de vidas pasadas.

El panorama de las posibles aplicaciones de la información de la regresión a vidas pasadas es sólo tan limitado como la imaginación de uno. Esto no sugiere que se pueden resolver todas las respuestas a todos los problemas del mundo a través de la regresión a vidas pasadas. Sin embargo, hay muchas respuestas para encontrar por medio del uso de esta técnica, en un mundo en el cual las respuestas a los problemas a menudo son muy pocas.

Tal vez llegará el momento cuando la regresión a vidas pasadas sea tanto un rito de pasaje hacia la madurez como a la pubertad. Muchos problemas se podrían eliminar antes que se vuelvan estorbos y las actividades y rasgos positivos podrían reforzarse.

La regresión para cambiar el mundo

Aquellos que desafían la teoría de la reencarnación a menudo atacan la premisa que todas las almas fueron creadas de manera simultánea. Ellos argumentan que si eso fuera así, por qué la población del mundo ha fluctuado drásticamente en algunos tiempos y por qué la población del mundo presente es mayor que la de cualquier periodo conocido anteriormente. Parte de la respuesta está en el hecho que no todas las almas encarnan al mismo tiempo. Cuando una situación particular del mundo ofrece un amplio panorama de oportunidades para experimentar y un gran potencial para el desarrollo espiritual, encarnan más almas que en los tiempos cuando las oportunidades son más limitadas.

Las almas que no encarnan no están dormidas. Ellas tienen periodos de aprendizaje y crecimiento en los planos no físicos de existencia donde el tiempo, como lo medimos en el mundo físico, no existe. Mientras están aprendiendo en esos planos, también están observando y esperando las condiciones óptimas para que ocurra una experiencia más profunda en el plano físico.

También se debe tener en cuenta que las estimaciones de las poblaciones del mundo en el pasado, no son necesariamente exactas y no toman en consideración ninguna evidencia que puede apoyar la probable existencia de sociedades altamente tecnológicas que se han destruido en el pasado distante. Aun si se rechazaron las historias de Lemuria, la Atlántida y una antigua civilización en el sitio del presente desierto de Gobi, uno debe tomar en consideración el hecho que el hombre moderno no siempre es tan conocedor de las cosas como él mismo supone ser.

Todos hemos crecido con el "hecho histórico" que Colón descubrió a América en 1492. ¿Recuerda haber tenido que memorizar ese "hecho" para sus exámenes de historia? Ahora estamos aprendiendo que Colón fue un visitante rezagado. A menudo parece que los vikingos estuvieron mucho antes en la lista de los visitantes del "Nuevo mundo". Existe mucha evidencia, recolectada por investigadores de buena reputación, que América del Norte fue un atajo o un cruce para el mercado y el viaje internacional, hace cientos o tal vez miles de años antes de 1492. Existe fuerte evidencia arqueológica que el "hombre moderno" puede haberse desarrollado aquí y luego emigrado a otras partes del planeta más que al contrario.

No hace muchos años un átomo era definido como la partícula indivisible y más pequeña de la materia. Ahora casi cualquier niño de escuela sabe acerca de protones, neutrones y electrones y una infinidad de otros hechos acerca de la estructura de un átomo.

Cuando se inventó el automóvil, habían hombres estudiados que estaban convencidos que el hombre se desintegraría a 60 millas por hora. Bueno, bajo ciertas circunstancias si lo hace, pero no por la causa que ellos asumieron. El hombre ha alcanzado velocidades que eran consideradas fantasiosas hace cien años y hasta incursionado en el espacio. Pero a pesar de todo lo que el hombre ha aprendido y logrado, todavía está confundido acerca de su origen. ¿Él evolucionó o fue creado? ¿O fue una combinación de ambas cosas? ¿El universo fue creado o apareció con una gran explosión? ¿Se está contrayendo o expandiendo? ¿Nuestro planeta está dirigido hacia una edad de hielo o se está volviendo más caliente? ¿Por qué desaparecieron los dinosaurios? Usted puede escuchar cientos de teorías al respecto.

El punto es que lo que nosotros creemos como un hecho hoy, probablemente será cambiado mañana a medida que se continúa aprendiendo acerca de nuestro mundo. Aun los hechos que pensamos que conocemos de ayer y de miles de millones de años atrás, están sujetos a la interpretación y al cambio. ¿Quién sabe realmente que civilizaciones pueden haber existido en el pasado las cuales han desaparecido sin dejar rastro?

El hecho significativo de todo esto es que *hay* más almas encarnadas en el tiempo presente que durante cualquier periodo histórico reciente, indicando que las oportunidades ofrecidas para el crecimiento y la realización son amplias y significativas. Debido a lo numerosos que somos, nosotros tenemos el potencial para hacer cambios bastos y muy alcanzables en nuestro mundo. Podemos cometer errores terribles los cuales podrían destruir el medio ambiente y anular todos nuestros avances tecnológicos. Podríamos convertirnos en una de esas "Civilizaciones perdidas" cuya sola existencia sea considerada para fábula en el futuro distante. O podemos tomar la decisión de tomar nuestro potencial colectivo para recordar y entender errores pasados en juicios y acciones y rehusarnos a repetir los ciclos destructivos.

Cada uno somos personalmente responsables por el papel que desempeñamos en el destino de nuestra civilización, debemos estar dispuestos a tomar el tiempo y hacer el esfuerzo de entender nuestras vidas pasadas, no sólo en la manera como las relacionamos con nuestros seres individuales actuales, sino cómo nuestras acciones, omisiones y actitudes, contribuyeron al crecimiento o a la caída de las civilizaciones en las que vivimos anteriormente.

Después de las experiencias iniciales de explorar de las vidas pasadas y llegar a un mejor entendimiento de nosotros mismos, entonces necesitamos echar un muy buen vistazo a la conciencia social que exhibimos en las vidas pasadas y hacernos ciertas preguntas a nosotros mismos.

¿Hubo vidas en las cuales vimos injusticias que tenían lugar a nuestro alrededor y nos dejamos llevar por la mayoría porque esa era la más fácil y segura? O, ¿atacamos y azotamos sin pensar responsablemente en las acciones y sólo generábamos conflicto? ¿Fue fácil convencernos a nosotros mismos de sentarnos y no hacer nada porque nos decíamos que una voz no contaría mucho y qué podría hacer una sola persona? Tal vez fue una injusticia personal la que incitó a la acción. ¿Fue la preocupación por los demás, la fuerza motivadora o fue el deseo de una revancha personal?

¿Fueron esas vidas en donde arrogantemente nos atribuimos a nosotros mismos una sabiduría como la de Dios y nos pusimos por encima de los demás diciendo que las "masas" no tenían capacidad intelectual para decidir sobre los aspectos de todos los días por ellos mismos, que en nuestra superioridad debíamos decirles cómo vestirse, qué comer, qué pensar, cómo educar a sus hijos, cómo adorar a Dios y hasta qué Dios adorar? ¿Les dijimos o nos dijimos, que por nuestro propio bien debíamos limitar nuestras libertades personales y la oportunidad de elegir? ¿Hicimos eso o estuvimos entre aquellos que permitieron que se nos hiciera?

¿Declaramos de una manera arbitraria que cualquier creencia política que se diferenciara de la nuestra era errónea o que cualquier creencia religiosa que fuera diferente a la nuestra estaba equivocada o que cualquier práctica social o cultural que no fuera la nuestra era inferior? ¿Sentimos que esas diferencias nos daban el derecho de aplicar la fuerza, la opresión o hasta la muerte para hacerlos encarrilar con lo que nosotros creíamos "correcto"? ¿Tratamos de forzar nuestras

creencias sobre los que nos rodeaban, de una manera dog-
mática y militante, bloqueando así la posibilidad que una dis-
cusión pacífica pudiera ocasionar un incremento en el
conocimiento, entendimiento y tolerancia en ambos lados?

¿Hubo vidas en las cuales nos permitimos ser perezosos e
indiferentes a medida que las libertades personales se aleja-
ban una a una? Cada cambio parecía pequeño y no tenía
mucho efecto en nuestras vidas personales en ese tiempo. Tal
vez nos molestaba un poco, pero nos tranquilizábamos pensando que alguien más hablaría y haría algo y luego un día fue
demasiado tarde.

¿Hubo tiempos en los que queríamos pararnos a defender
los principios que sabíamos que eran justos y correctos, pero
tuvimos miedo? ¿En algún momento cada uno de nosotros
tuvo la capacidad de ser una voz de la razón en la tierra, la
cual pudo haber motivado a otros a hablar y a emprender
acciones para cambiar las cosas? ¿Permanecimos en silencio?
¿Cuándo las voces de la razón estaban creciendo en la tierra y
advertían sobre el curso del futuro, escuchamos y emprendi-
mos acciones o nos dijimos a nosotros mismos: "Eso no
puede pasar aquí"? ¿Cuándo se estaban llevando a cabo
matanzas de un gran número de personas, las ignoramos y
nos excusamos tratando de creer que posiblemente no podría
ser verdad? Existen las almas de seis millones de judíos que
testifican que esas cosas pueden pasar y que realmente pasaron. Un estimativo de *diecinueve millones* de indios en Norte,
Centro, Sur América y México fueron masacrados durante el
siglo XVI en nombre de la conquista y la cristiandad. Estos
son sólo dos ejemplos de que estas cosas han pasado y están
pasando hoy.

Cuando se desafió a tomar las armas en una batalla, ¿usted
dio lo mejor de sí o se sentó y afirmó piadosamente, "el

manso heredará la tierra", para justificar no involucrarse, no sabiendo que la palabra manso se originó de un grupo muy selecto de hombres que fueron entrenados, armados, preparados cuidadosamente y alertados para actuar como una fuerza defensiva en cualquier situación que se pudiera presentar?

Si usted tiene algún conocimiento de toda la historia, entonces sabe que las grandes civilizaciones e imperios han crecido y han caído. ¿Dónde están los grandes imperios Romano, Persa y Otomano o los Aztecas o Mayas, por nombrar unos pocos? Es la naturaleza de tales estructuras políticas y culturales las que ellos elevan hasta la grandeza y luego cuando parecen las más invencibles, empieza un decaimiento ya sea rápido o sutil. Si usted cree en la reencarnación y se toma el tiempo para considerar sus vidas pasadas en una escala amplia, entonces inevitablemente debe encontrar que en algún lugar, en algún tiempo, usted desempeñó diversos papeles en la construcción y destrucción de naciones. También se hará evidente que ningún hombre ni grupo de hombres realmente traza el curso de la historia.

Es lo que el gran número de ciudadanos ordinarios le permite hacer a unos pocos, lo que escribe las páginas de la historia.

En la medida que examine las estructuras sociales de los tiempos y lugares donde usted ha vivido vidas pasadas, y recuerde las actitudes que exhibió y los papeles que desempeñó, observe el mundo que lo rodea y compare esos papeles hoy. Hágase las mismas preguntas acerca de hoy, las cuales se ha hecho con respecto a sus muchos ayeres. Permita que lo que es bueno, fuerte y constructivo, esté completamente integrado dentro de su ser actual. Destierre aquellas actitudes que fueron destructivas y causaron conflicto, pero recuérdelas de tal manera que no cometa los mismos errores de nuevo. El mundo que moldeamos por nuestras acciones u omisiones presentes, es el mundo que le heredaremos no sólo a nuestros hijos y nietos, sino también a nuestras vidas futuras.

La ley de la causa y efecto tiene una aplicación colectiva en que el progreso y los beneficios que todos disfrutamos, son los efectos de las cosas que se ponen en movimiento en otras vidas. Lo que sí es verdad, es que los problemas y las situaciones negativas con los cuales nosotros, la raza humana, tenemos que lidiar, son los efectos colectivos de nuestras acciones pasadas.

A medida que aprendemos del pasado, (y que tan a menudo se ha dicho que la tragedia de la raza humana es la de nunca aprender del pasado), debemos aceptar nuestra responsabilidad personal para demandar acciones responsables de aquellos que lideran nuestras naciones y moldean nuestra tecnología. Nosotros podemos mirar y ver que eso ha sido y es la naturaleza humana: precipitarse a abrazar cualquier cosa que se presente en nombre del progreso o el avance tecnológico. Nosotros debemos aprender del pasado y ser más selectivos con respecto a lo que estamos dispuestos a aceptar.

Como un ejemplo, si hay efectos laterales o daños al planeta y se crean productos desperdiciados, debemos demandar que nuestros científicos y técnicos encuentren una manera responsable de tratar constructivamente esos aspectos *antes* que se implemente el descubrimiento. Si tal curso responsable de la acción hubiera sido demandado en el pasado, no tendríamos los problemas actuales de polución por deshechos químicos y de la segura disposición de los desperdicios nucleares. No estaríamos preocupados acerca de lo que le están haciendo a nuestros cuerpos los aditivos de nuestras comidas altamente procesadas o comprando libros, cassettes y uniéndonos a clubes en la persecución de la forma física porque tenemos muchas máquinas que nos ahorran trabajo, las cuales nos están matando por falta de ejercicio.

Debemos estar dispuestos a preguntarnos si las ventajas de un descubrimiento verdaderamente superan a la gran cantidad de desventajas y si eso es progreso u otra forma de repetir un ciclo destructivo del pasado.

El progreso responsable y el avance tecnológico es un derecho del ser humano. El progreso y los avances tecnológicos irresponsables genera un efecto lateral destructivo en cadena.

Lo mismo es verdad en cuanto a la ayuda responsable e irresponsable, ya sea el alivio inmediato del hambre de una nación u hombre o los programas sociales o de bienestar. A medida que mire el pasado y el presente, usted verá que el ser humano tiene el hábito de aliviar las necesidades inmediatas de una situación, pero raramente atacan la causa del problema y usualmente suministra ayuda la cual crea una dependencia. Hay un proverbio chino que a menudo se menciona: "Dele a un hombre un pez y lo alimentará por un día. Enséñele a pescar y lo alimentará toda la vida". Pero aun esto no es suficiente. Nosotros debemos aprender y enseñarles a los demás a "pescar" de una manera responsable y cuidar que haya abundancia de pescado para nuestra vida y las generaciones futuras.

La verdadera ayuda material debería suplir la presente necesidad, pero la mayor parte de esa ayuda debería estar en equipar al individuo con las herramientas o los conocimientos para ayudarse a sí mismo a resolver o evitar la situación que ocasionó la necesidad. El pasado está lleno de ejemplos que nos enseñan que si nos permitiéramos caer en la trampa de resolver los problemas de los demás, aquellos problemas tienden a volver a ocurrir y la persona todavía no sabe que hacer. Sin embargo, si vemos que una persona está equipada con todo lo que necesita para solucionar el problema que queda en sus manos, entonces aprende a manejar la situación en el presente y para el futuro.

El pasado debería enseñarnos muchas cosas acerca de ayudar a los demás: si una persona realmente quiere resolver el problema, ella encontrará la manera. Lo que nosotros u otros podemos ver como la ayuda apropiada para una situación, puede no serlo; y algunas veces la mejor ayuda que usted puede darle a otro es no ayudar. La ayuda que crea una dependencia puede tener un resultado de muchas facetas. Al principio el que da la ayuda puede tener una sensación de satisfacción y un aumento del ego, luego la dependencia continuada usualmente resulta en resentimiento, rabia y rechazo. El receptor de la ayuda usualmente siente un alivio inmediato, luego una sensación de incapacidad cuando la situación continúa o vuelve a ocurrir, luego rabia por el rechazo eventual. A menudo el receptor de la ayuda poco sabia, desarrolla la actitud de que el mundo le debe ayuda ilimitada. El mundo no nos debe nada. Nosotros somos los deudores.

Si las personas utilizan la regresión a vidas pasadas para conocerse a sí mismas y así conocer y entender su confraternidad y para entender los errores del pasado y rehusarse a repetirlos, tenemos una oportunidad de convertir a éste en un mundo que esté poblado por seres humanos tolerantes, responsables y pacíficos. Esta puede convertirse en la era del hombre la cual está caracterizada por el triunfo de haber aprendido del pasado. Podemos apartar nuestros pensamientos y energías de la pregunta si nuestro mundo será destruido por un holocausto nuclear o arrasado por el hambre y concentrarnos en la razón para nuestra presencia continuada en el ciclo de la reencarnación, recordando quiénes y qué somos, y cómo regresar a la fuente de la cual venimos.

Una última palabra

Las herramientas son suyas. Úselas como usted escoja, pero utilícelas de una manera sabia. No vacile en explorar nuevos campos o acoger la información con un escepticismo saludable. No se debería sospechar de ninguna creencia que se someta al cuestionamiento y a la repetida examinación. Pero no descarte la información porque es nueva o diferente a la que usted ha creído. Examínela, pruébela y trabaje con ella hasta que pruebe que es verdadera o falsa. Tenga el coraje de desafiarse a sí mismo y a sus creencias y esfuércese por la verdad que trae la libertad.

Hay algo que se puede decir acerca de la regresión: Esto no es ni inmoral, ilegal ni engorda y no causa cáncer a los ratones de laboratorio. Su única inversión es una cantidad relativamente pequeña de tiempo. Por lo tanto, siéntase libre de darse gusto a menudo. Es interesante y divertido y las recompensas pueden ser enormes.